OS CINCO NÍVEIS DE APEGO

DON MIGUEL RUIZ JR.
DON MIGUEL RUIZ

OS CINCO NÍVEIS DE APEGO

A SABEDORIA TOLTECA PARA O MUNDO MODERNO

Tradução
Patrícia Arnaud

Edição revista
8ª edição

Rio de Janeiro | 2022

CIP-BRASIL. CATALOGAÇÃO NA PUBLICAÇÃO
SINDICATO NACIONAL DOS EDITORES DE LIVROS, RJ

R884c
8. ed.
Ruiz Jr., Miguel
　Os cinco níveis do apego : a sabedoria tolteca para o mundo moderno / Don Miguel Ruiz Jr. ; tradução Patrícia Arnaud. - 8. ed. - Rio de Janeiro : BestSeller, 2022.

Tradução de: The five levels of attachment
ISBN: 978-65-5712-191-7

1. Filosofia tolteca - Miscelânea. 2. Dependência (Psicologia). 3. Conduta de vida. I. Arnaud, Patrícia. II. Título.

21-72652

CDD: 299.792
CDU: 258:159.9

Camila Donis Hartmann - Bibliotecária - CRB-7/6472

Texto revisado segundo o novo Acordo Ortográfico da Língua Portuguesa.

Título original:
The Five Levels of Attachment

Copyright © 2013 by Don Miguel Ruiz Jr.
Publicado mediante acordo com Hierophant Publishing Corp
Copyright da tradução © 2015 by Editora Best Seller Ltda.

Todos os direitos reservados. Proibida a reprodução, no todo ou em parte, sem autorização prévia por escrito da editora, sejam quais forem os meios empregados.

Direitos exclusivos de publicação em língua portuguesa para o Brasil adquiridos pela
EDITORA BEST SELLER LTDA.
Rua Argentina, 171, parte, São Cristóvão
Rio de Janeiro, RJ – 20921-380
que se reserva a propriedade literária desta tradução.

Impresso no Brasil

ISBN 978-65-5712-191-7

Seja um leitor preferencial Record.
Cadastre-se no site www.record.com.br e receba informações sobre nossos lançamentos e nossas promoções.

Atendimento e venda direta ao leitor
sac@record.com.br ou (21) 2585-2002

A todos que amo.

Entre os indivíduos, como entre as nações,
o respeito pelos direitos dos outros é a paz.

BENITO JUAREZ

Sumário

Prefácio de Don Miguel Ruiz 11
Introdução 15

1. Explorando a percepção e o potencial 21
2. Compreendendo o Sonho Pessoal e o Sonho do Planeta 31
3. Conhecimento e apegos 37
4. Os cinco níveis de apego 47
5. Nível um: o Eu Autêntico 57
6. Nível dois: Preferência 63
7. Nível três: Identidade 69
8. Nível quatro: Interiorização 75
9. Nível cinco: Fanatismo 81
10. O maior demônio 89

11. Transitando entre os níveis de apego 101
12. Desvendando nossas histórias e suposições 117
13. Reconhecendo o papel dos apegos em conflito 131
14. Honrando nossas emoções 141

Conclusão 151
Agradecimentos 155
Sobre o autor 157

Prefácio

Don Miguel Ruiz Jr., meu primeiro filho, pertence a uma nova geração de artistas, os toltecas, que está transformando o estilo de vida da humanidade.

Meu filho passou grande parte da vida se rebelando em silêncio contra o modo como as pessoas vivem, criando assim muitos julgamentos e opiniões. Não percebia que, ao fazer isso, estava se apegando àqueles julgamentos e opiniões, e suas reações emocionais foram ficando cada vez mais intensas.

Um dia, ele teve uma conversa com a avó que mudaria sua vida para sempre. Nessa conversa, a avó, que era curandeira, ajudou-o a compreender o apego que ela tinha aos rituais que praticava para curar os pacientes. Meu filho se reconheceu naquilo e foi capaz de ter uma visão nítida de todos os apegos dele. Foi assim que sua rebeldia chegou ao fim.

Embora tenha levado uns dois anos para assimilar completamente essa experiência em sua vida, finalmente decidiu compartilhá-la em um livro. *Os cinco níveis de apego* está destinado a transformar a vida de milhões de leitores. Um livro escrito de forma simples, coerente e de fácil compreensão.

Os cinco níveis de apego vai ajudá-lo a se conscientizar de como seus apegos foram responsáveis pela realidade que está vivendo, e de como suas crenças vêm sendo responsáveis por todas as decisões em sua vida. Também vai ajudá-lo a ver como você molda sua própria identidade com base nas opiniões e nos julgamentos dos outros. Don Miguel Ruiz Jr. explica como nossas crenças se tornam intimamente ligadas à nossa identidade, ou à ideia que fazemos de nós mesmos. Essa crença do que é a verdade, por sua vez, produz todos os apegos e as reações emocionais.

Ele explica também como o apego às crenças distorce nossas percepções, abrindo espaço para as reajustarmos até que fiquem em conformidade com o restante de nossas crenças. Essa conscientização nos ajuda a entender de um jeito fácil como criamos nossas próprias superstições e como podemos nos tornar viciados em nossos próprios apegos.

Além disso, Don Miguel Jr. nos ajuda a perceber que, apesar de vivermos no presente, o apego nos faz sonhar com um passado que não existe mais, um passado que é cheio de arrependimento e drama. Os apegos também nos levam a um futuro incerto repleto de medos que ainda não existem, o que nos torna inseguros.

Ao explicar como os apegos podem ser divididos em cinco níveis de intensidade, ele nos ensina a avaliar nosso apego a qualquer crença específica que tenhamos, e ressalta que grande parte da população mundial vive nos níveis três e quatro, Identidade e Interiorização, respectivamente.

Como você vai ver, Don Miguel Jr. relata de maneira compreensível a influência que o apego exerce sobre as decisões que tomamos ao concebermos nossa história de vida, e como esses apegos nos afastam da realidade. Ele oferece ainda ferramentas muito eficazes que nos ajudarão a melhorar a forma como lidamos com os níveis de apego e as reações emocionais resultantes. Esta melhoria será refletida nas interações que temos com aqueles à nossa volta, especialmente os entes queridos.

Este livro é definitivamente destinado a se tornar um clássico, do tipo que você certamente lerá repetidas vezes.

DON MIGUEL RUIZ

Introdução

> Tudo é feito de luz. Nós somos as estrelas, e as estrelas somos nós. Quando vemos isso, todos os nossos sentidos estão verdadeiramente abertos e não há necessidade de interpretar o mundo. Neste momento, nosso potencial ilimitado e pleno está disponível para nós. Não há nada bloqueando nosso caminho.
> — DON MIGUEL RUIZ, *Os quatro compromissos*

Meu pai, Don Miguel Ruiz, professor e médico aposentado, passou muitos anos de meditação e transformações interpretando as tradições toltecas para se ajustar ao mundo de hoje. Os toltecas foram grandes homens e mulheres muito sábios que viveram há milhares de anos na atual região Centro-Sul do México. Na língua náuatle, *tolteca* significa "artista" e, de acordo com nossos ensinamentos, a tela para nossa arte é a própria vida. Aprendi sobre o modo de vida tolteca pelas tradições orais da minha família que, de acordo com meu tataravô paterno, Don Exiquio, é descendente direta dos toltecas da linhagem dos Cavaleiros da Águia. Este conhecimento chegou até mim pela minha avó, Madre Sarita.

Nós nos autodenominamos toltecas não apenas devido à linhagem, mas também porque somos artistas. A vida é a tela da nossa arte, e nossa tradição se dedica a ensinar as lições de vida que vão nos ajudar a criar nossa obra-prima.

A tradição tolteca não é uma religião, e sim um modo de vida para o qual a grande obra-prima é viver com felicidade e com amor. Ela abraça o espírito ao mesmo tempo em que honra os vários grandes mestres de todas as tradições do mundo. O cerne da questão de todo este trabalho é ser feliz, aproveitar a vida e curtir os relacionamentos com as pessoas que mais amamos, começando por nós mesmos.

Meu aprendizado sobre a tradição da minha família começou em San Diego, Califórnia, aos 14 anos. Minha avó, Madre Sarita, então com 79 anos, foi minha professora e líder espiritual da família. Ela era *curandera,* uma curandeira que ajudava as pessoas em seu pequeno templo no Barrio Logan, um bairro de San Diego, com o poder de sua fé em Deus e no amor. Como meu pai era médico, a justaposição das duas formas de cura me permitiu ver essa tradição a partir de diferentes pontos de vista.

Reconheci o poder das palavras da minha avó bem antes de ter uma compreensão concreta de seu significado. Também vi coisas que os outros poderiam apenas descrever como "mágica" tornarem-se parte da rotina diária; as curas milagrosas eram a norma para Madre Sarita. Porém, eu ainda sentia uma forte atração pelo mundo exterior; queria sair com meus amigos, ser como todo mundo. Eu transitava entre o mundo tolteca do núcleo familiar e o mundo convencional da escola e dos amigos, sempre fazendo de tudo para encontrar um meio de combinar as minhas experiências e, ao mesmo tempo, mantê-las separadas.

Embora não falasse inglês, minha avó dava sermões e palestras por todo o país, e meu aprendizado começou com a tradução do espanhol para o inglês em suas palestras. Por muitos anos, tropecei de forma desastrada sobre as palavras dela, e ela simplesmente olhava para mim e ria.

Um dia, ela me perguntou se eu sabia por que tropeçava nas palavras. Dei todo tipo de resposta: você está falando muito rápido, você não me deixa acompanhar o que está dizendo, algumas palavras não têm uma tradução direta... Ela simplesmente olhou para mim em silêncio por alguns instantes e então perguntou: "Você está usando o conhecimento ou o conhecimento está usando você?"

Olhei para ela sem entender. Ela então continuou: "Quando traduz, você tenta expressar as minhas palavras com o que já sabe, com o que acha que é verdade. Você não me ouve, você ouve a si mesmo. Imagine fazer a mesma coisa a cada momento da vida. Se estiver passando os olhos pela vida e traduzindo-a à medida que ela segue, vai deixar de vivê-la. No entanto, se aprender a *ouvir* a vida, vai sempre ser capaz de expressar as palavras à medida que elas vierem. Seu conhecimento tem de se tornar uma ferramenta que você possa usar para guiar a si mesmo ao longo da vida, mas que também possa ser abandonada. Não deixe que o conhecimento traduza tudo o que você vivencia."

Assenti em resposta, mas não me dei conta, até muitos anos mais tarde, do que minha avó realmente queria dizer. Ao longo da vida, toda hora contamos ou comentamos tudo o que fazemos, dizemos, vemos, tocamos, cheiramos, provamos e ouvimos. Como contadores de histórias natos, mantemos o desenrolar da trama sem interrupções, às vezes perdendo milhões de tramas secundárias que se desenvolvem por conta própria. É como tomar um gole de vinho e dizer: "É um pouco seco, definitivamente envelheceu bem, mas posso sentir o gosto da madeira. Já tomei melhores." Em vez de simplesmente vivenciar a alegria e os sabores do vinho, estamos analisando as características, tentando desmembrá-lo e ajustá-lo a um contexto e a uma linguagem que já conhecemos. Ao fazermos isso, perdemos muito da experiência real.

Este é um simples exemplo de como narramos a vida, ou seja, explicando-a e, o que é mais importante, justificando-a e julgando-a. Em vez de vivenciarmos uma experiência por si só, criamos uma história para encaixá-la em nossas crenças. Durante as conversas de Madre Sarita, eu tinha que desligar completamente os meus pensamentos, porque se o comentário da minha mente ficasse no caminho, eu perderia a mensagem de minha avó. Com esse simples processo, minha avó me mostrou que, se virmos o mundo apenas pelos filtros de nossas preconcepções, vamos deixar de realmente viver. Depois de muita prática, aprendi afinal a fechar os olhos, me desligar do mundo que existia fora da minha cabeça e a traduzir *cada palavra* dita por ela de forma precisa.

Poder ver além dos filtros, ou seja, além do conhecimento e das crenças acumulados por nós, nem sempre acontece naturalmente. Passamos anos nos desenvolvendo atrelados a eles, em vários graus, e eles nos parecem seguros. Qualquer coisa a que nos apeguemos pode começar a moldar nossas experiências futuras e a limitar a percepção do que existe fora do nosso vocabulário. Como os antolhos em um cavalo, as crenças arraigadas limitam a visão que, por sua vez, limita nossa percepção sobre a direção tomada na vida. Quanto mais forte o nível de apego, menos podemos ver.

Pense no seu conjunto de crenças arraigadas como uma melodia única que se repete em sua mente. De certa forma, estamos constantemente tentando forçar nossa melodia, aquela que nos acostumamos a ouvir, em detrimento de outras, sem percebermos que muitas vezes a melodia não é a nossa, e que talvez não seja nem mesmo a que queremos que seja tocada. Se continuarmos a tocar apenas o que conhecemos, sem nunca nos abrirmos para ouvir as outras músicas que fluem ao redor, deixaremos que o apego à nossa melodia particular nos controle. Em vez disso, prefira ouvir outras melodias. Talvez você venha a contribuir com elas, ao acrescentar uma harmonia ou uma linha de baixo, e apenas ver aonde a música é capaz de levar você. Desapegando-se da ideia de como você acha que a melodia *deveria* ser, você se abre para o potencial de criar uma música única e bela, de sua própria composição ou em parceria com outras pessoas.

Neste livro, vou ensinar os cinco níveis de apego. Eles são orientações para avaliar o quanto você está apegado ao seu próprio ponto de vista, assim como o quanto está aberto a outras opiniões e possibilidades. À medida que o nível de apego aumenta, a identidade da pessoa, o "quem sou eu", torna-se mais diretamente ligada ao conhecimento, ou ao "o que sei".

A percepção que temos do conhecimento e das informações é distorcida e corrompida por nossos narradores, as vozes em nossa mente que debatem o que é certo ou errado a cada atitude que tomamos e a cada pensamento nosso. Quando acreditamos em algo com tanta força a ponto de perdermos a consciência do nosso Eu Autêntico em meio às histórias e comentários de nossos narradores internos, permitimos que as preconcepções tomem decisões por nós. É por isso que é importante termos consciência do nível em que nos encontramos na escala de apego em relação a qualquer crença. Uma vez conscientes, podemos recuperar o poder de tomar nossas próprias decisões.

Espero que você se empenhe nesta leitura para poder medir o quanto está apegado às várias crenças e ideias em sua vida, aquelas que criam a sua realidade, o seu Sonho Pessoal, e que contribuem para a realidade coletiva e o Sonho do Planeta. Somente com uma consciência maior de si mesmo é que você estará verdadeiramente livre para buscar sua paixão e aproveitar plenamente o seu potencial. A escolha é sua!

1
Explorando a percepção e o potencial

*N*osso ponto de vista cria a nossa realidade. Quando estamos presos às nossas crenças, nossa realidade se torna rígida, estagnada e opressiva. Ficamos amarrados aos apegos porque perdemos a capacidade de reconhecer que temos a opção de ser livres.

Quando nos olhamos no espelho, muitas vezes ouvimos em nossa mente uma narrativa do que vemos, uma definição do eu na forma de uma identidade baseada em nossos "compromissos", ou seja, os pensamentos e convicções já aceitos de antemão. Essa identidade é proveniente de crenças ideológicas que chegaram até nós pela família, pela cultura, pela religião, pela educação, pelos amigos e por outras fontes ao longo do tempo, e essas crenças estão incluídas em um sistema único representado na imagem de um ser vivo — no meu caso, um ser vivo chamado Miguel Ruiz Jr., com um ponto de vista que é exclusivamente meu.

Cada um dos meus compromissos representa um apego que criei para mim mesmo ao longo da vida. Por exemplo, quando olho no espelho, me percebo da seguinte maneira:

Eu sou:
- o Miguel
- um tolteca
- um *nagual* (um guia espiritual)
- um mexicano-estadunidense
- um estadunidense
- um *mestizo**
- um marido
- um pai
- um escritor

e assim por diante...

Esta lista de autodefinições é o meu reflexo, e quando olho para mim mesmo com atenção, posso ouvir a narração dos meus compromissos e as condições que se tornaram meu modelo de autoaceitação. Meus pensamentos são os narradores dos meus apegos, das minhas crenças.

Projeto sobre minha imagem os valores e atributos que refletem minhas crenças. Quanto mais apegado eu for a elas, mais difícil será me ver como sou neste momento e menor será a liberdade que tenho para ver a vida sob uma nova perspectiva, e talvez escolher um caminho diferente. À medida que meus apegos se tornam

---

* Do espanhol, termo étnico-racial que se refere à pessoa descendente de europeus brancos e povos indígenas. [*N. da. E.*]

mais intensos e mais enraizados, perco a consciência do meu Eu Autêntico, pois ele fica obscurecido pelos filtros do meu sistema de crenças. Na tradição tolteca, chamamos a isso de *espelho enevoado*, e é essa névoa que nos impede de perceber o Eu Autêntico.

O que dá força a esses apegos é o amor *condicional*. Ao se olhar no espelho, em vez de se aceitar pelo que você é neste exato momento, provavelmente começa a dizer a si mesmo por que você é inaceitável do jeito que é, e o que precisa fazer para ser capaz de se aceitar: *Devo cumprir essa expectativa para ser digno do meu próprio amor.*

O desejo de obter a realização perfeita do modelo-padrão de cada um dos meus compromissos distorce ainda mais o meu reflexo. Começo a me julgar e a me avaliar de acordo com os padrões dos meus compromissos, que se transformaram nas condições para a autoaceitação. Implanto um sistema de recompensa e punição com o objetivo de me preparar para chegar a esse modelo-padrão, o que na tradição tolteca é conhecido como *domesticação*.

A principal ferramenta usada para domesticar a si mesmo é a autocrítica. Se eu usar meu modelo-padrão do que deve significar "Eu sou o Miguel", quando eu olhar meu reflexo verei todas as falhas ou inadequações que saltam aos olhos, e é aí que a minha domesticação entra em ação:

- "Não sou inteligente o bastante.";
- "Não sou atraente o bastante.";
- "Não tenho o bastante.";
- "Não tenho isso ou aquilo.";

e assim por diante.

A autocrítica reside onde a autoaceitação deseja estar. O apego a essas crenças e críticas negativas pode se tornar tão comum a ponto de chegarmos a nem reconhecê-las mais como condenações, e as aceitarmos como parte de quem somos. Porém, em um nível bem básico, todas as autocríticas são consequência do que no fundo acreditamos a nosso respeito, independente de nos aceitarmos ou nos rejeitarmos.

De todas as crenças das quais devemos nos desligar, esta é a mais importante: *Abandone o apego à crença de que deve ter uma imagem de perfeição para ser feliz.* E isso não serve apenas para a aparência, mas também para o modo como pensamos, a filosofia que seguimos, as buscas espirituais e o nosso lugar na sociedade. Todas essas coisas são condições sob as quais nos aceitamos. Acreditamos que para sermos dignos de nosso amor precisamos viver de acordo com as expectativas que colocamos a nós mesmos, no entanto, o que precisamos é perceber que essas expectativas são a expressão dos nossos compromissos, e não da nossa verdadeira natureza.

Ironicamente, muitas vezes é no momento em que temos a oportunidade de ver a nossa verdade, quando nos defrontamos com nosso reflexo, seja em um espelho ou no mundo, que os narradores falam mais alto. Sei de pessoas, inclusive eu, que se recusaram a se olhar no espelho porque as autocríticas eram ensurdecedoras. É impossível que as pessoas, tanto adolescentes quanto adultos, vivam de ilusão.

Obviamente, é fácil culpar a mídia, a cultura ou a comunidade por perpetuarem imagens do que se espera de nós. Ficamos sobrecarregados por propagandas e imagens estereotipadas de heróis e heroínas, de belas donzelas em perigo, de atletas profissionais, de exemplos de feiura e de como *não* ser. Mas no fundo, não há ninguém para culpar, pois uma propaganda, assim como a autocrítica, não tem poder sobre nós, a menos que concordemos com suas mensagens. E somente quando nos apegamos de forma voluntária a essas imagens e distorções é que a felicidade fica comprometida.

Não precisamos assumir a culpa por essas autocríticas. Podemos simplesmente nos tornar conscientes de que elas são desenvolvidas em nossa vida desde a infância pelo processo de domesticação. Uma vez cientes das autocríticas, podemos recuperar a liberdade ao escolhermos, para nós mesmos, transcender o modelo de recompensas e punições que nos foi imposto para finalmente chegar a um lugar de autoaceitação.

Nós temos escolha... Este é o nosso poder.

Ao se olhar no espelho, você é o único que pode ouvir seus narradores, apenas você sabe o que são aquelas autocríticas. Embora eles adotem qualquer voz e forma que você dê a eles, são apenas a expressão de algo que você já havia aceitado antes. Você pode escolher se afastar dos padrões que criam uma imagem não realista de você ao reconhecer seu poder de dizer não. Quando você deixa de acreditar em uma autocrítica, ela para de exercer qualquer poder sobre você. É possível escolher ver a si mesmo com aceitação, tendo como base a verdade inegável de que já é perfeito e completo exatamente da forma que é neste momento.

A partir desse ponto de vista, você ainda pode decidir fazer algumas mudanças na vida, mas agora a motivação para mudanças não se deve à esperança de um dia amar a si mesmo, mas justamente pelo fato de *já* se amar. Quando o reflexo é visto desse ângulo, a mudança flui em sincronia com a trajetória de sua vida, e as possibilidades são ilimitadas. O sofrimento só ocorre quando nos esquecemos disso.

Confundir perfeição com imperfeição

Quando meu pai tentou pela primeira vez me fazer entender que eu era perfeito, achei impossível aceitar. Tentei entender, mas não consegui. Eu estava apegado à crença de que a perfeição é algo a ser alcançado por meio de muito trabalho e dedicação, e de que eu ainda tinha um longo caminho a percorrer. Como eu poderia ser perfeito? Eu ainda não tinha atingido meus objetivos: eu não era o que eu queria ser. Não conseguia chamar a atenção da garota que eu queria. Não tinha o peso que eu achava que deveria ter. Então continuei com minhas críticas, determinando todas as minhas imperfeições e depois as julgando.

Com esse tipo de perfeição, sempre que nossa história não corresponde às nossas crenças, nós a classificamos como imperfeita, e depois nos punimos por não vivermos da maneira que acreditamos que deveríamos. Acabamos por desenvolver uma definição de perfeição que nada tem nada a ver com a real perfeição: "Ser livre de todas as falhas ou imperfeições." Na maior parte das vezes, lemos essa definição com olhos julgadores, do ponto de vista de alguém de fora que está tentando viver de acordo com as histórias que criamos para nós mesmos.

Se por acaso alcançamos a perfeição momentaneamente a partir desse ponto de vista, nos recompensamos com amor-

-próprio condicional. Depois, utilizamos esse amor-próprio como motivador para continuar seguindo essa ideia distorcida de perfeição. É um problema complexo.

Continuei a lutar com esse conceito enquanto fui crescendo. No entanto, meu pai persistiu com essa mensagem ao longo dos anos. Ele me disse: "Miguel, quando entender que você é perfeito do jeito que é, verá que tudo é perfeito do jeito que é."

Não é fácil simplesmente acordar um dia, dizer que você é perfeito e realmente acreditar nisso. Isso requer força de vontade e comprometimento. Em primeiro lugar, você deve deixar para trás quaisquer falsos ideais de perfeição, deve se livrar do apego àquilo que acredita ser seu "eu" perfeito. Para aprender essa lição, precisei parar de me julgar por não satisfazer minhas próprias expectativas e aceitar a mim mesmo por quem sou neste exato momento. Comecei do princípio, aprendendo a me amar e a agradecer toda manhã por estar vivo.

Em segundo lugar, você vê a vida com os olhos de um artista e aceita que tudo é um trabalho em andamento, uma obra-prima que nunca termina. Cada pincelada é perfeita simplesmente porque ela existe. À medida que a tinta toca a tela, cresce e se desenvolve no que ela é, mesmo que nem sempre tenhamos um esboço para nos manter dentro das linhas. Sejam rabiscos coloridos ou uma paisagem detalhada, cada elemento da peça é gratificante e completo, mesmo que continuemos a pintar, mudando e evoluindo a cada curso da vida. Como diz meu pai: "Nossa vida é uma tela, e todos somos Picassos."

Desde muito cedo, está arraigado em praticamente todos nós que devemos alcançar certos ideais ou nos tornar "alguém" que seja digno de nossa própria aceitação, de nosso próprio amor. Viver encerrado em pensamentos como "quando eu tiver isso" ou "se eu tiver isso" nos acorrenta à crença de que não somos livres para viver nossa vida agora.

Muitos de nós estamos familiarizados com a grande obra-prima literária de Miguel de Cervantes, *Dom Quixote*. Nela, o fidalgo empobrecido Alonso Quijano vai para La Mancha e fica tão envolvido com os livros de cavalaria que seu senso de realidade torna-se distorcido a ponto de sua identidade se transformar no personagem Dom Quixote. Ele vê o mundo através de filtros de fantasia e aventura. Seja qual for a realidade que se apresente a ele, Dom Quixote redireciona a história para que ela se ajuste às expectativas e crenças dele. Ao final, nosso herói é derrotado e abatido, ao correr atrás de uma imagem que sempre se esquiva dele.

Assim como Dom Quixote, estamos sempre investindo nas histórias nas quais queremos acreditar. Criamos nossos próprios personagens para que sejamos "alguém". Quando eu era jovem, eu assumia várias identidades. Já fui Miguel Ruiz Jr., o gótico. Depois, me tornei Miguel, o intelectual; depois Miguel, o boêmio; depois Miguel, o artista, e assim por diante. Impus regras para mim mesmo da mesma forma que Dom Quixote: com base em uma percepção distorcida de quem eu era. Outras pessoas viam suas próprias verdades e se perguntavam o que eu estava fazendo. No entanto, tudo o que eu via era o que eu queria ver. E assim como Sancho Pança, o fiel escudeiro de Quixote, eu ouvia as minhas histórias e sabia que estava um pouco louco, mas acreditava nelas, para o caso de que talvez eu estivesse certo.

Passei muitos anos tentando viver de acordo com aquelas imagens que eu criava de mim mesmo, antes de descobrir que *este* é quem eu sou, sem precisar inventar história. Este é realmente eu. Sou perfeito neste exato momento e isso é tudo de que preciso para curtir a minha vida. Tendo aprendido isso, pude mudar o curso da minha vida na direção que eu bem entendesse a qualquer momento. Eu já tinha a liberdade de escolher. As possibilidades tornaram-se infindáveis, como sempre foram. Não faço mudanças em minha vida hoje porque sinto que devo mudar para me aceitar e me amar. Faço mudanças para me expressar e experimentar mais na vida, porque já me aceito e amo a mim mesmo pelo que sou.

Falhas e defeitos surgem de nossas próprias ideias e crenças. Para reconhecer a perfeição, ou para ver o mundo e nós mesmos como somos, é preciso tomar consciência dos apegos às ideias e crenças e deixá-los ir embora, mesmo que apenas por pouco tempo, para ver além deles. Sempre fui perfeito, assim como você. Quando não conseguimos perceber isso é porque estamos muito ocupados em julgar tudo por não ser algo diferente do que é. O mundo e tudo nele é perfeito simplesmente porque existe neste exato momento, da única maneira que é possível existir. O mesmo vale para mim e para você. E é isso que é a perfeição: "Sou porque sou neste momento."

Eis o que é a liberdade: a capacidade de desfrutar e ser exatamente quem você é sem se reprimir sob a forma de julgamento. Um pássaro é um pássaro. Um cacto é um cacto. Um ser humano é um ser humano. O Miguel é o Miguel. Você é você. Perfeito.

Por esse ponto de vista, a mudança é diferente. Se tentamos mudar sem antes aceitar quem somos, corremos o risco de criar mais imagens falsas de nós mesmos. Mas se nos aceitamos pelo que somos neste exato momento, mudamos porque queremos crescer e evoluir com a vida, e o amor já não é mais a condição para a mudança, e sim o ponto de partida. Este é o verdadeiro significado de amor incondicional.

2
Compreendendo o Sonho Pessoal e o Sonho do Planeta

O principal trabalho da mente é *sonhar*; para perceber e lançar informações a uma realidade linear moldada pela matéria quando estamos acordados, e a uma realidade não linear imaterial quando estamos dormindo ou em devaneio. A nossa existência viaja continuamente num vaivém entre esses dois tipos de sonhos ou formas de percepção.

O Sonho Pessoal

Em primeiro lugar, há o seu Sonho Pessoal. Ninguém nunca vai saber como é viver pelo seu ponto de vista. Mesmo se eu o conhecesse há anos *nunca* saberia qual é a sensação de ser você. Não poderia saber o que sente ao estar em seu corpo. Nunca saberia, por exemplo, que gosto tem o café quando você o toma. Eu só poderia conhecer essas sensações do meu ponto de vista. Estou sozinho. Nasci sozinho e vou morrer sozinho. Não há mais ninguém habitando este corpo e não há ninguém vendo a vida pelos meus olhos. Suas crenças pertencem a você. Você é o único que está com você por toda a vida. Imagine se você não gosta de si mesmo. Seria uma vida difícil, porque não há escapatória. Não importa o quanto você possa se distrair, nunca será capaz de escapar do próprio ponto de vista.

Temos diversos tipos de relacionamento na vida, com durações diferentes. Há pessoas que estão na minha vida para sempre, como meus pais. E há outras que espero que estejam em minha vida por um longo tempo, como minha esposa e meus filhos. Outras pessoas podem entrar e sair mais rapidamente, como amigos, colegas de trabalho, conhecidos. Mas não importa qual venha a ser o caso, um dia teremos de dizer adeus quando chegar o momento de seguir em frente.

Você tem consciência da sua vida e do seu sonho e faz uma projeção deles. Este sonho é construído pelos seus pensamentos e suas experiências de vida. Você vivencia seu sonho por meio do sistema nervoso em seu corpo, por meio dos olhos e dos ouvidos, de suas emoções, de seu amor. Você é o único que sabe o quanto é maravilhoso sentir aquele prazer ao comer uma refeição de que gosta, ao abraçar ou beijar alguém, ao simplesmente estar vivo, e tudo pela sua própria percepção. Este é o seu Sonho Pessoal. Você pode transformá-lo no mais belo paraíso ou no mais perfeito pesadelo, pois tudo se baseia no que você acredita, no que você pensa, no que você sabe.

O Sonho do Planeta

Cada criatura viva está em comunhão. Esta comunhão pode ser tão pequena quanto você e eu ou tão grande quanto uma família, uma comunidade, uma nação, um continente, e assim por diante. Nessa linha, o Sonho do Planeta pode ser tão pequeno quanto um sonho compartilhado entre apenas dois indivíduos até algo tão grande quanto um sonho compartilhado entre todos os seres existentes.

O que constrói o Sonho do Planeta? Começa com você e eu. Assim como eu sou responsável por mim até os fios dos cabelos, você é responsável por você até os fios dos seus cabelos. Somos dois sonhos individuais, dois pontos individuais de percepção. Esse relacionamento entre nós, por menor que seja, é o sonho chamado *nós*. Isso acontece quando interagimos um com o outro, e as ideias, os conceitos e os compromissos fluem entre nós.

O Sonho do Planeta é composto de nossos "sins" e "nãos", também conhecidos como *intenção*. A cada sim, algo é criado. A cada não, não há criação. Podemos criar coisas belas ou feias usando a imaginação, e quando dizemos sim, a ação é tomada para manifestá-las. O Sonho do Planeta é construído pelas escolhas coletivas, ele é a manifestação da intenção compartilhada das pessoas.

Estamos todos ligados porque desejamos nos envolver um com o outro. Estamos agora compartilhando parte de um sonho comum, e esse é o Sonho do Planeta. Veja bem, o Sonho do Planeta é construído por essa necessidade de compartilhar e de se comunicar com o outro. Ou nos envolvemos um com o outro em um relacionamento pautado no respeito, ou nos impomos e nos subjugamos de forma desrespeitosa, com a necessidade de fazer com que o outro se encaixe no molde de nossas crenças e ideais.

A pessoa que sou agora é resultado dos "sins" e "nãos" que acumulei ao longo da vida, e essa é uma verdade para cada um de nós. Atitudes são tomadas em larga escala quando um número suficiente de nós diz sim. É assim que o Sonho do Planeta se movimenta e age. Uma boa maneira de visualizar isso é imaginar um bando de pássaros. De modo surpreendente, os pássaros voam em uníssono, mas logo que um líder muda o padrão, os outros aceitam e o seguem. Às vezes, o bando se divide em dois, e cada grupo diz sim para uma direção diferente. Às vezes, eles voltam juntos. Os pássaros que seguiram disseram sim a essa direção. Agora, pense nesse bando como uma comunidade de pessoas. Quem quer que controle o "sim" controla o Sonho do Planeta. Lembre-se, o Sonho do Planeta é tão pequeno quanto você e eu, e é tão grande quanto uma nação, ou o mundo inteiro.

Em menor escala, quando há apenas dois indivíduos, quem controla o "sim" controla a relação. É por isso que as pessoas muitas vezes tentam impor suas convicções umas às outras ou, ao contrário, é por isso que elas podem subjugar suas vontades ao ponto de vista das outras. A harmonia existe quando nos envolvemos uns com os outros com respeito, honrando os "sins" e "nãos" uns dos outros, à medida que construímos nosso sonho.

Tanto o Sonho Pessoal quanto o Sonho do Planeta são construídos com base no conhecimento. Esta é a ferramenta por meio da qual somos capazes de sobreviver no mundo. Porém, como veremos no próximo capítulo, à medida que o apego ao conhecimento aumenta, a capacidade de perceber a vida como ela realmente é diminui e, consequentemente, nosso potencial é reduzido.

3
Conhecimento e apegos

Se o apego ao que sei me cega para todas as opções disponíveis, então meu conhecimento está me controlando, está controlando minha intenção e está criando meu Sonho Pessoal no meu lugar. No entanto, ao adquirir a consciência dos meus apegos surge a oportunidade de retomar o controle e de viver de acordo com minhas escolhas.

Significados em constante mudança

> Sou responsável apenas pelo que digo,
> não sou responsável pelo que você ouve.
> Don Miguel Ruiz

Os símbolos são representações que nos permitem compreender as experiências de vida uns dos outros. As palavras são símbolos cujos significados e definições dão forma às experiências e nos permitem comunicar o que sabemos. As palavras têm uma função fascinante, mas também muito necessária e útil: elas são os símbolos primários que nos permitem entender uns aos outros e criar os compromissos que constroem o sonho de todos nós, o Sonho do Planeta. Tome por exemplo a palavra "sol". Em todas as traduções, esta palavra é um símbolo que representa a entidade que ilumina o sistema solar. Na tradição tolteca, o Sol representa a criação da vida, em que a Terra é a mãe, o Sol é o pai, e a fusão dos dois cria a vida.

O significado de um símbolo é derivado de um compromisso estabelecido por uma comunidade, uma cultura, uma nação, e assim por diante. Uma definição é criada por consenso. Quando um número suficiente de pessoas diz sim a uma representação, damos a isso o nome de *conhecimento*.

Por exemplo, agora você está segurando um livro. "Livro" é um símbolo que representa o objeto em suas mãos. Eu poderia apontar para um livro e você saberia o que é porque, além de poder distingui-lo diretamente, você tem uma experiência anterior com ele. Você ainda pode compreender o conceito de um livro e visualizá-lo, mesmo se não houver um na sua frente, em função de uma referência tangível anterior. Você não está se arriscando muito ao concordar que um conjunto de papéis com palavras encadernado é um livro.

Entretanto, existem símbolos para ideias e conceitos que todos nós usamos de forma diferente com base em nossas percepções e pontos de vista. Amor, espírito, moralidade, esses símbolos representam conceitos que são definidos por um compromisso, mas que nunca podem ser compreendidos plenamente por uma descrição ou explicação feita por outra pessoa. Esses símbolos são virtuais, pois são intangíveis. Quando usamos símbolos para representar conceitos, não importa se os consideramos bons, ruins ou neutros, estamos tentando dar forma ao que não tem forma. Quanto mais pessoas concordarem conosco sobre uma definição para um conceito intangível, mais essa ideia parece tomar forma. É por isso que nos referimos ao Sonho do Planeta como uma ilusão, pois o significado dos símbolos e das palavras que constroem as ideias e as crenças só parece sólido em função do acordo da maioria dos indivíduos que são uma parte dessa sociedade ou comunidade. Os blocos de construção da sociedade e a nossa identidade como família ou nação são maleáveis e estão sujeitos a mudança à medida que os sonhos individuais se fundem para criar o Sonho do Planeta, por meio de acordos e desacordos, "sins" e "náos".

Por exemplo, quando um número razoável de pessoas se reúne e concorda que um determinado comportamento é imoral — o que significa que elas já definiram o que significa ser imoral —, essa crença fica parecendo mais sólida se for criada uma lei que reflita esse compromisso. Quem praticar esse comportamento após a criação da lei será rotulado de "imoral" pelo grupo que a criou. E, se infringi-la, será devidamente punido.

Mas esse consenso é uma ilusão, porque a ideia da imoralidade nunca deixa de ser virtual; ela não existe "lá fora" em algum lugar, existe apenas nos compromissos mentais que estabelecemos. Manter a ilusão, o símbolo e a crença arraigada requer o apoio contínuo do grupo de pessoas. Esse apoio contínuo é o próprio combustível que aumenta o apego do indivíduo a uma crença.

Como a solidez de um conceito virtual é dependente do acordo, a necessidade deste ser real pode ser avassaladora e obsessiva. O apego à crença na forma de um símbolo pode se tornar tão grande que aqueles que a designaram não conseguem conceber a existência de qualquer outra crença que possa tomar o seu lugar. Estes símbolos parecem sólidos não só porque podemos concordar com esses acordos virtuais, mas também porque podemos agir com base neles. Quando tomamos medidas baseadas em nossas ideias, parece que as manifestamos como realidade. Mas o significado de um símbolo ainda é sempre dependente do acordo de um indivíduo ou sociedade.

Por exemplo, houve um breve período de tempo em que uma tulipa era mais valiosa do que o ouro. No século XVII, durante a Idade de Ouro Holandesa, o preço de uma tulipa era dez vezes a renda anual de um comerciante de classe média. A flor exótica, que no século XVI fora levada do Império Otomano para Viena, teve uma alta demanda em função de sua beleza e logo se tornou um símbolo de status. Quando o vírus do mosaico da tulipa atacou a vegetação, fazendo um único broto de tulipa levar de sete a doze anos para florescer (embora também desse às tulipas infectadas uma aparência ainda mais exótica), o preço do bulbo disparou. À medida que o mercado de bulbos de tulipa se desenvolvia, as pessoas começaram a vender os próprios bens para comprar bulbos para depois revendê-los a um preço mais alto. Infelizmente, a paixão obsessiva pelas tulipas logo esfriou e o mercado entrou em colapso. Quando o acordo sobre as tulipas mudou, muitos perderam o patrimônio financeiro, resultando em uma recessão econômica de grandes proporções. Mas a tulipa nunca deixou de ser uma tulipa. O patrimônio financeiro foi uma ilusão. É da natureza desses tipos de acordos que suas definições estejam sempre sujeitas a mudança.

Desse ponto de vista, podemos perceber o quanto as definições e os significados que atribuímos a ideias e conceitos são frágeis e transitórios. E também o grande poder que eles detêm. É justamente por isso que gastamos tanta energia tentando provar que nossa definição e nossa interpretação é que estão certas. Esse é o tecido que forma nossa realidade.

No entanto, quando nos tornamos muito apegados a essa realidade e aos significados do símbolo que a construiu, não deixamos espaço para mudança e crescimento. Podemos até enfrentar, brigar, discutir com os outros (e com nós mesmos) para manter nossas crenças e definições da maneira como as coisas funcionam, nos tornando prisioneiros de nossas próprias crenças. É por meio delas que construímos a nossa história. Não admira que desencadeiem uma reação tão intensa. No entanto, com a consciência da natureza de nossas crenças, adquirimos o poder de mudar nossas histórias e nossos compromissos. Como o conhecimento é a ponte que nos permite entender uns aos outros, ele funciona como um instrumento para podermos criar o sonho ou a realidade em que queremos viver. A intenção, ou vontade, é a força que dá significado ao conhecimento, o que cada um expressa no Sonho do Planeta.

Quando cada um de nós expressa algo, partimos daquilo que conhecemos. Ouça com atenção, mas receba todas as palavras e símbolos com ceticismo. Livrando-se do apego ao significado e à verdade percebida que você aplica às palavras e aos símbolos, sejam os meus, os seus ou os dos outros, você terá a liberdade de voltar atrás e decidir por si mesmo se esses significados refletem sua experiência na vida. Além disso, se você realmente ouvir alguém expressar seu conhecimento, sem manter-se apegado ao que significam esses símbolos, terá a oportunidade de compreendê-los melhor.

Apegos e autoimagem

Quando a minha família e eu estávamos para nos mudar do Arizona para o norte da Califórnia, minha filha Audrey tinha 3 anos e estava na pré-escola havia cerca de um mês. Ela amava sua casa e sua escola no Arizona, e por isso ficou aborrecida quando contamos que estávamos de mudança e que ela frequentaria uma nova escola. "Não, papai! Minha escola! Minha casa! Meu!", gritou ela.

Nos dias que se seguiram, ela se agarrou a tudo em sua vida: a nós, a seus brinquedos, à sua melhor amiga na escola, e até mesmo à diretora da escola. Minha esposa e eu lhe dissemos repetidas vezes que ela ficaria bem, que frequentaria uma nova escola com novos amigos e que tudo daria certo. Quando fomos buscá-la na escola no último dia, Audrey se recusou a ir embora e se escondeu atrás da perna da diretora. Naquele momento, prestei uma atenção maior a ela. Imaginei como seria a situação do ponto de vista dela: tudo o que Audrey conhecia iria desaparecer. O seu mundo como um todo estava para mudar e ela não sabia quem ou o que iria permanecer. Ela agarrou seu amigo Leo quando ele se aproximou: "Meu Leo!" Finalmente a convencemos de que era hora de ir, e ela, com relutância, liberou seu domínio sobre aquelas coisas pelas quais tinha tanto carinho.

Quando nos colocamos em uma zona de segurança onde nos sentimos confortáveis e protegidos, e quando temos uma autoimagem enraizada na mente, a pior coisa que se pode imaginar é que tudo isso desapareça. No entanto, isso acontece diversas vezes em graus variados ao longo da vida. Quando acredito que algo deva ficar em seu lugar, exatamente como está, para que eu fique bem, é sinal de que me tornei apegado e confundi essa coisa externa com quem sou. Se essa coisa externa muda e, afinal de contas, tudo muda, como posso reagir? Se depositei toda a minha autoimagem nisso, então tenho que defendê-lo. Tenho que argumentar a favor disso. Tenho que propor definições e significado. Em suma, criei um apego.

Sei que estabeleci um apego a algo exterior quando o medo da mudança toma conta de mim. Com a mudança, o mundo que conheço pode desaparecer e me jogar no desagradável breu do desconhecido. Mas a mudança é inevitável, e ocorre várias vezes ao longo da vida: terminamos um relacionamento, perdemos um emprego, mudamos de casa, ganhamos uma nova ruga, um fio de cabelo branco, ou vivenciamos a morte de um ente querido e assim por diante.

Se eu olhar para todas as coisas que associei à minha autoimagem, vou achar que minha identidade está nelas. O medo vem quando essas coisas são ameaçadas, pois por meio do meu apego as interpreto como parte de mim. Portanto, cria-se um apego para resistir à possibilidade dessa perda. Quando olhamos com atenção, podemos notar que sempre defendemos o objeto do apego, de uma forma ou de outra. Cada um de nós está defendendo a sua definição do "eu". É o que a minha filha faz quando sai por aí dizendo "meu!". Não é só o objeto que ela defende, é também sua autoimagem. Fico feliz de poder dizer que assim que Audrey entrou na nova casa ela ficou animada. Correu para o novo quarto e exclamou: "Meu quarto!"

O desafio que tenho para você é mudar o seu compromisso, ver a si mesmo como um ser humano perfeito e perceber que não há objeto, ideia ou conhecimento de que necessite para ser completo. Você é perfeito porque está vivo neste momento e sempre se transformando com a vida. Se conseguirmos nos ver como perfeitos do jeito que somos, porque estamos vivos neste momento, seremos livres. Os apegos não nos definem mais. Em vez disso, o conhecimento que adquirimos se torna uma ferramenta que pode nos ajudar a decidir de que forma queremos nos envolver com os sonhos, tanto os pessoais quanto os coletivos, e a forma de agir que escolhemos é a manifestação de nossa intenção.

Observando sua história de vida, você pode notar que age de acordo com o que seu apego ao conhecimento determina ou que usa o conhecimento para agir com base na consciência do seu momento? Minha avó me perguntou há muitos anos: "O conhecimento está controlando você ou você está controlando o conhecimento?" Você poderá responder a essa pergunta sozinho quando souber o quanto está apegado ao seu conhecimento, às suas crenças ou a algo externo a você. Quando fui confrontado pela primeira vez com essa pergunta, eu não sabia que o conhecimento podia nos desviar do caminho e nos causar sofrimento, a menos que assumamos o comando. Não soube como responder à minha avó.

Minha avó acreditava que cada apego criado por mim fazia com que o conhecimento me controlasse. Ela falava do céu e do inferno, dos demônios e dos anjos, de vários níveis de apego e das consequências associadas a eles. Esta era a sua linguagem, que tinha a ver com as experiências e com o contexto de sua vida. No próximo capítulo, vou explicar esses ensinamentos usando uma analogia que reflete o sonho moderno.

4

Os cinco níveis de apego

Para começar, vou falar dos níveis de apego usando uma analogia muito simples que tem a ver com a minha vida: o futebol. Não é preciso gostar de esportes para entender essa analogia. Na verdade, você pode até mesmo descobrir que compreende melhor o conceito justamente porque não gosta do esporte. Aqueles que gostam de futebol poderão reconhecer o próprio nível de apego a um jogo ou a um time, ou identificar esses exemplos nas pessoas que conhece. Lembre-se: você pode aplicar o significado por trás dessa analogia a qualquer situação que tenha em sua vida.

Nível um: o Eu Autêntico

Imagine que você gosta de futebol e que pode ir a um jogo em qualquer estádio do mundo. Poderia ser um estádio magnífico ou um campo de terra batida. Os jogadores poderiam ser excelentes ou medíocres. Você não está torcendo a favor nem contra um lado específico. Não importa quem está jogando. Assim que vê um jogo, você se senta, assiste e curte durante os noventa minutos. Você simplesmente curte o jogo pelo que ele é. Os jogadores poderiam até estar chutando uma lata, e ainda assim você aproveitaria cada momento da partida! No momento em que o árbitro apita anunciando o fim da partida, você deixa a partida para trás. Ao sair do estádio você continua com sua vida.

Nesse nível, você pode curtir um momento sem ter nenhum apego. Investiu apenas o suficiente de si mesmo para escolher entre ir ao estádio ou assistir ao jogo. Este é você tendo total controle sobre o conhecimento. Você experimentou a forma mais pura da alegria, a que vem do desejo puro de experimentar a vida de maneira não condicional.

Nível dois: Preferência

Desta vez, você assiste a uma partida e, novamente, em qualquer estádio do mundo, com dois times quaisquer, mas agora está torcendo para um deles. Você percebeu que se investir um pouco mais de si para identificar uma preferência, a montanha-russa emocional torna o jogo mais empolgante. Você escolhe o time se baseando em qualquer coisa, desde a cor dos uniformes até os nomes dos jogadores. Talvez você simplesmente escolha o time da casa. Você passa o jogo torcendo por um time, mas não necessariamente contra o outro. No entanto, no fim da partida, ao sair do estádio, deixa tudo aquilo para trás. Neste nível, você investiu uma pequena parte de si no jogo. Apegou-se a alguma coisa, mesmo que de propósito, e baseou suas decisões e ações naquele apego. Você se comprometeu com uma preferência por um time.

Você criou uma história de vitória ou derrota que deu forma à experiência, mas a história não tinha nada a ver com você, ela era sobre o time. Embora tenha se envolvido com o evento e com as pessoas ao seu redor, no fim da partida você simplesmente diz "Isso foi divertido", e se desapega daquilo. Essa capacidade de se apegar e desapegar facilmente torna possível que você utilize seu lado emocional e curta os altos e baixos de um grande jogo. A vida está acontecendo e você é capaz de compartilhá-la com aqueles à sua volta, independente de como eles se veem.

Nível três: Identidade

Agora você é um torcedor de um time específico. As cores do time mexem com suas emoções. Quando o árbitro apita, o resultado do jogo lhe afeta emocionalmente. Trata-se do *seu* time favorito. Você ainda pode ir a qualquer estádio do mundo, mas nada se compara a ver esse time jogar. O seu time, ganhando ou perdendo, define parte de seu caráter fora daqueles noventa minutos de jogo. Você se sente exultante quando seu time ganha e desapontado quando ele perde. Mas, ainda assim, o desempenho do seu time não é uma condição para sua própria autoaceitação. E, se ele perde, você é capaz de aceitar a derrota e também parabenizar o adversário. Você aceita as vitórias e as decepções como parte da montanha-russa emocional que torna a vida interessante, e sua autoestima não está baseada nesses resultados. Caso encontre um fã do time adversário, você não vê apenas um fã de futebol, mas também um ser humano como você, com quem poderia tomar uma cerveja. Vocês podem se sentar juntos e discutir futebol, além de falar sobre o quanto cada um acha que seu próprio time é excelente. Podem inclusive admitir que acham que o time do outro também é muito bom. Seus sentimentos e opiniões sobre seu time não são uma condição pela qual você se relaciona com os outros ou consigo mesmo.

Neste nível, o apego ao time começa a afetar sua vida pessoal fora dos portões do estádio, uma vez que você se relaciona com o mundo como um torcedor. A separação não é tão nítida como foi no início. No nível três, essa cultura, esse time, torna-se uma pequena parte de sua identidade. Quando o evento ou momento passa, ele ainda molda o indivíduo que você pensa ser. Você leva o conhecimento com você e começa a moldar partes de sua vida em torno desse time, inserindo-o em outros ambientes que não têm nada a ver com isso. Por exemplo, se o seu time perde, é provável que você tenha um dia ruim no trabalho, discuta com alguém sobre o que ou quem é responsável pela derrota, ou se sinta triste apesar de coisas boas estarem acontecendo ao redor. Não importa qual seja o efeito, você deixou um apego mudar sua personalidade. O seu apego alcança um mundo que não tem nada a ver com ele.

Nível quatro: Interiorização

Usando mais uma vez a analogia do esporte, no nível quatro a sua associação com o time favorito agora se torna uma parte intrínseca de sua identidade. A vitória e a derrota agora têm a ver com *você*. O desempenho do time afeta a sua autoestima. Ao ler as estatísticas, você reprova os jogadores por *nos* fazerem ficar mal. Se o time adversário ganha, você fica com raiva por eles terem derrotado *você*. Você se sente desconsolado quando o seu time perde e pode até mesmo criar desculpas para a derrota. É óbvio que você nunca se sentaria com um dos fãs do time adversário em um bar para um bate-papo! Você também pode sentir um impulso incontrolável de saber mais a respeito da vida dos jogadores de seu time. E toda e qualquer palavra de elogio que seu time recebe é como se fosse direcionada a você. Você não apenas trouxe o jogo para casa, como também o incorporou completamente à sua personalidade, moldando a identidade de acordo com o que acredita ser um torcedor "verdadeiro".

Embora o time, ou seja, a "parte do conhecimento" nesta história, não tenha nada a ver com você na realidade, a importância que você atribui a si mesmo corresponde ao seu apego. Sua vida e o seu apego estão tão turvos que tudo começa a girar em torno do time. Seus companheiros torcedores também precisam se comportar, porque todos eles representam essas cores, e essas cores significam algo: elas têm valor na sua vida. Eles se ajustaram melhor ao que significa ser um verdadeiro torcedor. Caso contrário, não deveriam se considerar um. Você entra em discussões sobre o quanto seu time é muito melhor, mesmo quando não é o momento de falar de futebol. Acha que qualquer pessoa que não concorde com você está errada. Este é o ponto em que a crença passou de identidade para interiorização. Quando estiver com torcedores de times adversários, você discutirá e gritará, mas vai parar antes dos socos. Ainda é capaz de limitar a sua defesa apenas à discussão. Mesmo tendo alguns amigos que não são fãs de futebol, você prefere a companhia daqueles que pensam como você. À medida que seu apego cresce, você pode fazer de sua lealdade a esse time uma condição para que os outros tenham um relacionamento com você, incluindo você mesmo. Em outras palavras, você internalizou o apego a tal ponto que ele se tornou uma condição para a autoaceitação. Assim, você começa a impor essa imagem às pessoas que ama, aos que fazem parte do seu dia a dia.

Nível cinco: Fanatismo

Neste nível, você tem adoração pelo seu time! Seu sangue jorra nas cores dele! Torcedores do time adversário se tornam inimigos automaticamente, pois este escudo tem de ser defendido! Este é o seu terreno, e os outros devem ser subjugados para que também possam ver que o seu time é o *verdadeiro*, e que os outros são apenas uma fraude. O que acontece em campo tem tudo a ver com você. Ganhar campeonatos faz de você uma pessoa melhor, e há sempre uma teoria da conspiração que lhe permite nunca aceitar uma perda como legítima. Não há mais qualquer tipo de separação entre você e o apego. Você é uma pessoa inteiramente comprometida com seu time, um torcedor 365 dias por ano. Sua família vai vestir a camisa, e é melhor que eles sejam torcedores do seu time. Se o seu filho torcer para o time adversário, você vai deserdá-lo. *Fora!* No nível cinco, sua família pode ser facilmente separada e destruída, se qualquer um deles virar as costas para o time. Os relacionamentos não significam nada para você, a menos que as pessoas envolvidas acreditem no seu time. Toda atitude que você adota, toda decisão que você toma é ditada pelas regras que você considera serem as de um grande torcedor. É óbvio que você não pode ver nada do ponto de vista de alguém sem o mesmo amor por seu time. Se visse, seria considerado um traidor pelos próprios padrões. Nos níveis três e quatro, ainda é possível ter amigos que não gostem de futebol, mas no nível cinco você não perde tempo com pessoas que não amam o esporte. Eles não sabem de nada. Você escolhe não tê-los em sua vida, e está disposto a brigar por aquilo em que acredita. Sua crença se torna mais importante do que a experiência. À medida que o seu apego cresce, ele pode atingir um ponto culminante em que o respeito até mesmo pela humanidade é perdido. Para você, o verdadeiro torcedor está disposto a morrer e matar pelo time. Não importa nem mesmo se o árbitro apita para começar ou terminar o jogo ou sequer se eles jogam futebol. O símbolo e as cores são mais importantes do que sua própria vida ou a vida de qualquer pessoa.

 Sempre que acreditamos em algo sem questionar, corremos o risco de atingirmos esse nível mais extremo de apego, o que pode acontecer nas situações mais improváveis. Se estiver tendo dificuldades com a analogia do esporte neste nível de apego, deixe-me concluir com dois exemplos da vida real. Ao final de uma temporada de futebol na Europa, um grande clube de renome foi rebaixado para a segunda divisão. Depois de testemunhar a perda do time na final, um torcedor foi para casa e se enforcou. Para ele, a vida não valia mais a pena se o time não estava na primeira divisão. Em outro exemplo, um motorista de ônibus era torcedor de um time que perdeu a final da Liga dos Campeões. Ele ficou tão perturbado com a derrota que jogou o ônibus em cima de um grupo de pessoas vestindo a camisa do time vencedor. Quatro pessoas morreram por usarem as cores "erradas". O apego daquele homem ao seu time era tão grande que o fez matar pessoas.

Felizmente, são raros os assassinatos e suicídios por causa da derrota de um time. Porém, quando nos voltamos para temas como religião, política ou dinheiro, sexo e poder, os exemplos de apego nesse nível são numerosos. É só ligar em qualquer noticiário que você vai ver. É importante perceber que, quando nos tornamos apegados a um conjunto de crenças neste nível, é fácil deixar de enxergar a humanidade de outro indivíduo, pois só conseguimos ver no outro a personificação de uma ideia antagônica.

No nível um, você pode ir a qualquer igreja, sinagoga, templo, mesquita ou círculo de tambores, e encontrar e sentir o amor e a graça de Deus. No nível cinco, Deus é apenas o foco de devoção no qual a religião é centrada. Em outras palavras, a religião é mais importante do que Deus. Pense na espiritualidade, nos remédios homeopáticos ou no veganismo. Aplique os níveis à raça ou à etnia ou à orientação sexual. Aplique-os ao amor. Os cinco níveis de apego podem ser aplicados a qualquer forma de informação. Então, de repente, as consequências se tornam muito menos triviais.

Embora o futebol seja uma boa introdução aos cinco níveis de apego, pois assim podemos desdobrar o conceito em partes bastante compreensíveis, o objetivo é fazer com que você veja como esses níveis se comportam em sua própria vida. Enquanto eu for explicando os níveis em detalhes nos capítulos seguintes, você vai começar a pensar o quanto está apegado às suas várias crenças. Você vai aprender como identificar o nível em que se encontra em cada uma delas, e não para julgar, mas para perceber uma compreensão mais profunda de si mesmo. O objetivo é mudar a sua perspectiva e ver o potencial presente além de suas crenças, e observar como sua compreensão do amor e respeito muda conforme seus apegos diminuem. Por último, conforme avançamos pelos capítulos, tenha em mente a pergunta da minha avó: "O conhecimento está controlando você ou você está controlando o conhecimento?"

5
Nível um

o Eu Autêntico

"O conhecimento está controlando você ou você está
controlando o conhecimento?"
Sou um ser vivo, independente do meu conhecimento,
que existe apenas porque eu existo.

O primeiro nível de apego representa o Eu Autêntico, o ser vivo que é o potencial pleno de vida. Ele representa essa força que não apenas anima o corpo, mas também dá vida à mente e à alma. O Eu Autêntico está sempre presente, mas os apegos nos impedem de lembrar quem realmente somos. A partir daí, nosso nome torna-se um símbolo vazio cuja definição ou significado é determinado pelo compromisso, e a ação de firmar esse compromisso é a primeira expressão do "eu".

Quando nascemos, nossos pais nos ergueram e nos seguraram em seus braços. Previram possibilidades infinitas para nós em seu amor por nós. Viram o potencial ilimitado do nosso Eu Autêntico, ou seja, a força de vida capaz de executar qualquer ação que levaria àquelas possibilidades. No entanto, quando crescemos, aquelas possibilidades diminuíram, a nossa visão do que éramos capazes de fazer e de ser tornou-se estreita pelos apegos, até acreditarmos que tínhamos poucas opções na vida. A verdade é que estreitamos nossas possibilidades por vontade própria. Sim, é verdade que o Sonho do Planeta pode estreitar nossas possibilidades, se desejarmos jogar segundo suas regras, mas os compromissos que firmamos com nós mesmos importam mais quando se trata da capacidade de manifestar a nossa intenção. Isso ocorre porque um simples "não" na mente pode nos impedir de realizar qualquer tipo de ação. Uma prova do quanto nossos compromissos são poderosos.

Nunca deixamos de ter o potencial que nossos pais viram em nós quando éramos bebês. A única diferença é que, como adultos, agora temos o controle não apenas do corpo, mas também da mente. Não precisamos de conhecimento para ser o Eu Autêntico, mas ter a consciência disso é o que nos permite usar o conhecimento quando nos envolvemos com o mundo, usando o corpo por meio da mente como o veículo que nos possibilita agir na vida.

É uma bela relação simbiótica de ação/reação, pela qual somos capazes de experimentar uma conexão, uma comunhão, entre nós mesmos e toda a criação. Em todas as tradições, ouvimos as lições dos homens e mulheres sábios que nos ensinam a beleza da vida e como deixar que as ilusões desapareçam, lembrando-nos da nossa verdadeira essência. Este é um momento de harmonia com todas as coisas e com a energia da vida que flui através de nós. Toda religião e tradição espiritual no mundo tem um nome para o momento em que nos tornamos cientes de que não existe nada além da harmonia. Na tradição tolteca chamaríamos de *estar em constante comunhão com o nosso criador*. A única coisa que nos separa uns dos outros é nosso ponto de percepção; juntos formamos um todo.

O *envolvimento* é a ação de interagir com o foco de nossa atenção. À medida que nos envolvemos com a vida, é natural que nossos níveis de apego aumentem e reduzam, como uma flor que abre e fecha continuamente com o passar dos dias. Às vezes deixamos de lado nossa consciência quando aumentamos o apego a um foco, e outras vezes lembramos de nossa autenticidade quando nos livramos dele. No entanto, independente do nosso grau de apego, cada um de nós é sempre o seu Eu Autêntico, e simplesmente nos esquecemos disso quando subimos os níveis de apego.

Com a prática da consciência, desenvolvemos uma disciplina, um reforço da nossa vontade que nos permite permanecer em um estado de harmonia por mais tempo... se optarmos por isso. Muitas religiões e tradições espirituais no mundo criaram disciplinas que promovem essa harmonia, como a oração, a meditação, a prática de yoga, o canto e a dança, entre muitas outras. Esse conhecimento é um instrumento de transformação, e vivenciá-lo é a manifestação do Eu Autêntico.

Eu costumava achar que os maiores mestres do mundo de cada tradição eram os melhores exemplos do Eu Autêntico, mas agora percebo que todo mundo que conheço e vejo é a personificação do Eu Autêntico. Todos nós criamos, produzimos, aprendemos, nos envolvemos e amamos a vida. Todos somos a personificação da vida, e sempre somos o Eu Autêntico. Nós simplesmente fazemos a escolha de vê-lo em nós mesmos e nos outros.

Há um momento em que o Eu Autêntico passa a não ser mais um termo abstrato, mas uma experiência. Acredito que todos nós passamos por um momento assim. Pode ser durante a meditação, o trabalho ou a ginástica, enquanto pintamos ou dançamos, ao dar aulas ou falar, fazendo amor, comendo ou jogando. É o momento em que o julgamento para e a pura harmonia assume o controle.

No meu caso, cruzei esse limiar entre o conceito e a experiência um dia enquanto dava minha corrida de sempre. Isso acontece quando já não penso mais sobre meu percurso, o ritmo ou mesmo a dor nas pernas. Acontece quando tudo fica calmo, e tudo o que posso sentir é minha respiração, o ritmo dos passos e o ambiente. Minha mente de repente desliga e permaneço completamente naquele momento, e sei exatamente o que estou fazendo, sem a necessidade de pensar. A partir deste local, até mesmo o termo "Eu Autêntico" desaparece, junto com o resto dos meus pensamentos. Simplesmente estou vivo e com a total liberdade para amar a mim mesmo e a todos que eu escolher. Não tenho a necessidade de distorcer as informações que observo porque minha percepção da vida é livre de qualquer apego. O Eu Autêntico é a harmonia da mente, do corpo e da alma como a expressão da vida. Contar a história do Eu Autêntico é contar a história da vida, independente de onde a humanidade possa estar na forma da consciência de um indivíduo.

Quando nos encontramos nesse nível, temos a liberdade de escolher a forma como queremos nos envolver com o Sonho do Planeta. A consciência de que somos seres vivos que dão vida às crenças, ao conhecimento, nos permite escolher com total liberdade onde queremos colocar a nossa intenção e criar, pelo tempo que decidirmos envolvê-la em nosso compromisso. Nosso desejo é definido com a total consciência da nossa intenção. O conhecimento está vivo na mente, precisamente porque estamos vivos, e esse conhecimento é a ferramenta com a qual podemos nos comunicar com o resto do mundo.

Nesse estado de harmonia, temos o potencial para amar incondicionalmente, pois não temos condições para a autoaceitação, apenas uma disposição para envolver o amor com um respeito pelo "eu" e pelos outros. Se alguém dissesse ou fizesse algo ofensivo enquanto estivéssemos no nível um, o Eu Autêntico, isso não nos aborreceria. Suas palavras e ações cairiam em nós como roupas folgadas, não haveria nada em nós a que elas pudessem se agarrar. Como nosso amor não se baseia em um comportamento que aceitamos ou com que concordamos, nós amamos essa pessoa mesmo nessas circunstâncias. A partir daqui, temos todas as possibilidades a nosso dispor: a liberdade de evoluir à medida que a vida evolui e de envolver as pessoas que amamos sem a necessidade de domesticá-las de acordo com nosso ponto de vida.

6

Nível dois

Preferência

"O conhecimento está controlando você ou você está
controlando o conhecimento?"
Utilizo o conhecimento como uma ferramenta com
a qual exerço minhas preferências na vida.

*N*o segundo nível de apego, ainda atuamos com a consciência do Eu Autêntico. Reconhecemos nossa capacidade de nos ligar a algo quando nos envolvemos com o momento presente, mas também somos capazes de nos livrar do apego quando o momento passa. Nos vemos como um reflexo da vida no Sonho do Planeta, e nos conectamos e desconectamos de nós mesmos com facilidade pelo simples fato de reconhecermos e nos livrarmos desse reflexo.

Um exemplo: você se lembra de brincar de faz de conta quando era criança? Lembro que, antes de começar o jogo, todos nós discutíamos os papéis que representaríamos. Depois, cada um buscava em seu conhecimento o necessário para criar uma máscara que nos colocasse no papel a ser representado, para que então pudéssemos brincar. Em seguida, assumíamos a personalidade daquele papel. Mudávamos de expressão logo que começávamos a representar, e assumíamos o comportamento adequado ao campo de batalha, ao salão de beleza, à mesa de jantar, ao hospital ou mesmo a um dia no escritório. O que fazia essas brincadeiras serem muito divertidas era que usávamos a imaginação e representávamos a nossa parte para criar um mundo de fantasia no qual podíamos nos envolver uns com os outros em diferentes cenários, como se estivéssemos sonhando acordados juntos. Tão divertido quanto envolver os amigos e a família na brincadeira era quando ela acabava, então tirávamos a máscara que tinha sido criada com nosso conhecimento e voltávamos a ser nós mesmos.

No nível dois, temos a consciência de que o conhecimento é uma ferramenta que nos fornece as informações necessárias para escolhermos para onde desejamos voltar nossa atenção e tomar providências. No entanto, neste nível não distorcemos as informações que recebemos e as usamos apenas neste momento. Podemos decidir nos adaptar de acordo com a situação da vida presente, sem perder a consciência do Eu Autêntico, sem a necessidade de projetar uma falsa imagem de si mesmo. Na tradição tolteca, isso é chamado de "loucura controlada", a consciência e a honra de nós mesmos quando nos envolvemos com as pessoas ao nosso redor, que projetam uma imagem, ou uma máscara, sobre nós. Nossa consciência nos permite ver a tentação de se fixar a essa máscara projetada, mas nós mantemos a serenidade. Neste nível de apego, não esquecemos que estamos participando de um jogo, o que torna mais fácil nos desligarmos quando ele termina.

Essa consciência nos possibilita viver sem precisar distorcer o conhecimento para ajustá-lo aos nossos pontos de vista, aos nossos apegos. Então, o conhecimento ainda é um aliado neste nível. Não está corrompido pela nossa vaidade ou qualquer forma de amor condicional. Nossa relação com o conhecimento nos permite o envolvimento com a vida como ela é, somos capazes de fazer escolhas com a razão quando percebemos a diferença entre a verdade e a distorção, e o conhecimento é um reflexo nítido e perfeito da vida.

Sob a ótica tolteca, esse é o *espelho nítido*, em que vemos cada situação como ela é: livre da névoa. Temos a consciência de que o conhecimento é o reflexo perfeito da vida, e nós somos a vida. Temos a consciência de que o ato de nos envolver na vida é um ato de amor, e o fato de podermos escolher a direção que desejamos seguir e como queremos viver é o ato de amor incondicional por nós mesmos. Considerar a vida uma obra de arte baseada no amor-próprio nos possibilita amar incondicionalmente as pessoas como elas são, sem ter a necessidade de domesticá-las para que vejam as coisas sob o nosso ponto de vista. O respeito pela manifestação dos sonhos individuais daqueles que amamos, mesmo que não concordemos com as escolhas deles, está sempre presente neste nível de apego. O amor por nós mesmos nos permite dar amor a todos na comunidade. Afinal, não podemos dar ou compartilhar o que não temos.

Cada pensamento e cada ideia que formam nosso sistema de crenças têm poder apenas pelo nosso compromisso na forma de sim ou não, e a preferência de como queremos envolver o Sonho do Planeta e a vida é nossa.

A palavra *tolteca* significa "artista" em português, e a vida é a tela para a arte de um tolteca. Estou ciente de que o conhecimento é um instrumento que me permite interagir com o mundo, e meus "sins" e "nãos" são as talhadeiras ou pincéis que uso para criar. Eu me envolvi com a tradição tolteca por opção e com plena consciência de que o termo "tolteca" refere-se a uma ação ou compromisso pertencente a uma filosofia. Caso eu não me definisse como um tolteca, meu compromisso ou as lições que aprendo com essa tradição oral não diminuiriam. Isso significa que meu compromisso não está submetido a uma identidade e que meu conhecimento não está na forma de uma máscara que dá sentido à minha autoimagem. Sou livre para decidir se concordo, discordo, analiso e se me envolvo com a filosofia tolteca ou com qualquer outra, quando eu quiser. Sou livre para me relacionar e me envolver com pessoas que têm uma preferência por outra tradição ou filosofia. Posso mudar de ideia quando eu deixar de concordar totalmente com essa filosofia, ou pode ser que eu passe a vida inteira concordando com ela. Isso é válido para todas as minhas crenças: envolvo-me com elas durante o tempo que eu quiser, sabendo muito bem que sou um ser vivo com potencial para experimentar a vida com ou sem esse compromisso. Isso é o que dá poder aos meus compromissos, e eu os faço porque quero. Esta é a minha arte, meu compromisso: permitir a mim mesmo viver a vida com amor, em sua autenticidade em constante mutação.

Pense em uma pessoa que decide adotar uma alimentação saudável e, pesquisando sobre o assunto, escolhe seguir uma dieta vegana, livre de produtos animais. Ela aplica esse conhecimento ao decidir o que comer, mas não o utiliza para se identificar como "vegana", nem para domesticar a si mesma ou aos outros em relação a isso. Se ela resolver tomar sorvete, pode tomá-lo sem lançar autocríticas, e depois retomar a dieta vegana, se assim o desejar. Ela usa o conhecimento para exercer sua preferência em relação à alimentação sem nunca perder a consciência do "eu".

Agora, em vez de pensar no exemplo da dieta vegana, reflita sobre uma escolha de estilo de vida feita por você. Você investe nessa decisão por preferência ou está se colocando em uma situação rígida em que julga a sua autoestima? Se for o último caso, você sabe que está apegado a um nível além da preferência.

A nossa atenção direciona a ponte que nos permite expressar e compartilhar nosso conhecimento de vida, ou seja, os compromissos com os quais construímos nossos relacionamentos e expressamos nossas preferências. Com consciência, o conhecimento continua sendo a ponte de comunicação entre nós, um alicerce, à medida que construímos o Sonho do Planeta. Em nosso sonho compartilhado, é de minha preferência estar neste relacionamento, neste momento, e amar todos incondicionalmente, assim como a mim mesmo.

7

Nível três

Identidade

"O conhecimento está controlando você ou você está controlando o conhecimento?"
Eu me identifico com meu conhecimento, embora utilize-o para ver e compreender o mundo.

Temos a necessidade de rotular, descrever e compreender as coisas com as quais nos envolvemos na vida. O conhecimento nos permite compreender o mundo e o universo, mas quando se trata de compreender a nós mesmos, a identidade é um símbolo que pode ser definido na expressão de nosso conhecimento.

Do ponto de vista do conhecimento, a identidade é a sensação de aterramento do "eu" que nos permite ter um lugar no Sonho do Planeta. Ela nos dá um ponto de referência para que possamos nos identificar e nos envolver uns com os outros. Mas essa identidade pode se tornar uma máscara que ofusca a consciência do Eu Autêntico, e o apego atinge esse nível quando nos identificamos com nosso conhecimento.

Na tradição tolteca, no nível três, o espelho ainda mostra um reflexo nítido, mas é aqui que começamos a perder a consciência da linha que separa a vida e a imagem refletida. É quando começamos a acreditar que o reflexo é a verdade.

A principal condição para sermos aceitos no Sonho do Planeta é que nossa identidade seja reconhecida em um mundo de sete bilhões de almas. Apesar de não chegarmos a nos domesticar para formar essa identidade (a domesticação ocorre no nível quatro, interiorização), ao adotá-la, esperamos ser compreendidos pela comunidade e, consequentemente, por nós mesmos. Quando queremos ser ouvidos pelo Sonho do Planeta, nossa voz assume uma identidade para se expressar, ou assim pensamos.

Quando usamos o conhecimento para construir o Sonho de Todos Nós, ou o Sonho do Planeta, a identidade é a máscara que possibilita ao Sonho do Planeta nos compreender. Quando se fala de mente para mente, os conhecimentos se reconhecem, e é por isso que nos tornamos apegados à máscara de nossa identidade. Neste nível, esquecemos que a máscara da identidade é um símbolo vazio, da mesma forma que uma palavra cuja definição está sujeita a um compromisso definido por nós e ao uso do conhecimento no Sonho do Planeta. Assim como a linguagem, a máscara da identidade também pode mudar ao longo do tempo.

À medida que aumentamos o apego à identidade, o conhecimento e o consenso se tornam muito importantes para nós, até o ponto em que nos dão sentido na vida. Portanto, construímos a máscara da identidade, tornando-a a personificação do conhecimento adquirido na forma da nossa paixão. Esta é uma máscara baseada em nossas preferências na vida.

Cada pessoa que encontramos tem uma identidade e um nome com um significado. A identidade pode ser baseada em coisas como a cor da pele, a nacionalidade da família, a religião que praticamos, o partido político que melhor reflete nossas convicções, o time que nos proporciona a emoção de ganhar ou perder, o trabalho a que nos dedicamos todos os dias e as atividades das quais gostamos de participar. Nosso nome e nossa identidade nos dão um propósito e um sentimento de pertencimento.

Por exemplo, pense nas pessoas que você conhece e nas identidades que elas assumiram ou que você atribuiu a elas: Patty, a professora; Scott, o bombeiro; Joe, o vizinho do lado; José, o irmão. Quais identidades você adotou para si mesmo? Como você retrata essas identidades no mundo? No nível três, você confunde essas identidades com quem realmente é.

Quando adultos, ainda temos a capacidade de brincar de faz de conta como quando éramos crianças, ou seja, ainda temos a capacidade de criar uma máscara baseada no nosso conhecimento de como nos envolver uns com os outros em determinado ambiente. No entanto, agora a máscara se torna uma maneira de nos adaptarmos socialmente e de nos relacionarmos com determinado grupo, e nos esquecemos de que se trata apenas de uma máscara... Achamos que realmente *somos* a máscara!

Retomando a metáfora esportiva, pense em como os indiferentes ao futebol americano podem ficar tão envolvidos nas festas do Super Bowl. Sabendo que é divertido e empolgante investir algo de si no jogo, aqueles que não são fãs de futebol escolhem um lado para torcer e embarcam com toda a empolgação na montanha-russa emocional do jogo. Entretanto, independente de o time deles ter vencido, aqueles no nível de preferência (nível dois) são capazes de se desligar de tudo aquilo ao sair do jogo.

Agora compare essas pessoas com os fãs capazes de ficar fora de si por vários dias se o time perder ou de ficar incrivelmente eufóricos se ele ganhar. Eles esquecem de tirar a máscara, estão presos ao nível três de apego. No nível identidade, o Eu Autêntico tem a máscara do apego na forma de identidade.

Este nível de apego pode parecer ótimo quando seu time vence, ou quando as coisas estão caminhando de acordo com seus planos, mas na vida temos nossos altos e baixos, e ninguém vence o tempo todo. É por isso que o sofrimento é garantido quando você está preso a este nível: nem sempre seremos capazes de conseguir o que queremos, mas em vez de termos uma preferência e seguirmos em frente se as coisas não corresponderem às nossas expectativas, neste nível nos tornamos apegados.

Vamos continuar com o exemplo da mulher vegana. Neste nível, ela se afirma como vegana em todos os momentos, não só na hora de montar o prato. A identidade como vegana lhe dá um propósito e um lugar na comunidade, e ela é refletida em suas escolhas. Ela poderia se sentir decepcionada depois de tomar um sorvete, mas logo se perdoaria e seguiria em frente. Ela não se obriga a condições despropositadas para a autoaceitação baseada em sua identidade, nem seus amigos e familiares precisam ser veganos para fazerem parte de sua vida. E ainda tem respeito pelas manifestações dos outros em relação aos seus Sonhos Pessoais, assim como tem respeito por sua própria manifestação.

Eis aqui a marca registrada do nível três: vestimos a máscara da identidade e esquecemos que se trata de uma máscara. O esquecimento de quem realmente somos, o Eu Autêntico, leva a algum tipo de sofrimento, mas geralmente não é nada muito intenso.

No próximo nível, interiorização, o apego ao conhecimento se torna mais acentuado, a domesticação ocorre e causamos sofrimento a nós e àqueles que nos cercam.

8
Nível quatro

Interiorização

"O conhecimento está controlando você ou você está
controlando o conhecimento?"
A minha identidade, sob a forma do conhecimento
que tenho, me dita as regras e as orientações em que
baseio minha vida.

No quarto nível de apego, a identidade se torna o modelo pelo qual aceitamos a nós mesmos. Trata-se da domesticação pelo apego.

Na Interiorização, nossos narradores começaram a definir as condições para que possamos domesticar nossa identidade. Tais condições medem a aceitação e a rejeição de nós mesmos e de outros com base nas crenças que usamos para construir a máscara da identidade. Vamos distorcer as informações que recebemos para reforçar as condições do que esperamos da vida.

Os narradores também atendem a nossa necessidade de validar quem somos em nosso Sonho Pessoal, assim como a cara que apresentamos para o Sonho do Planeta. Nosso conhecimento é corrompido, e não é mais um reflexo nítido, mas um *espelho enevoado*.

A autoimagem é a personificação das crenças, e a vontade é subjugada pela necessidade de se encaixar com o Sonho. Assim, a máscara pode não estar necessariamente na forma da nossa paixão, mas vamos usar qualquer máscara que acharmos ser preciso para sermos aceitos.

Neste nível de apego, nosso foco está na interiorização de uma versão idealizada da identidade, e podemos projetar uma falsa imagem do "eu" para garantir nossa aceitação. Este é o resultado direto da domesticação pelo amor condicional. A aceitação é a recompensa da domesticação, enquanto a rejeição é a punição. Embora essas condições de aceitação e rejeição possam não ser tão rígidas quanto no próximo nível de apego, elas são aprendidas e enraizadas pela constante interação com as outras pessoas. Usamos essas condições como sinais para aceitar ou rejeitar os outros, e também (e principalmente) a nós mesmos. Estamos apegados ao próprio mecanismo de aceitação e rejeição, que corrompe o conhecimento para atender à nossa autoimagem e influencia como nos relacionamos com a vida. Aqui perdemos o respeito pelo "eu" e pelos outros, e o amor condicional é tudo que conhecemos.

Um dia, eu tinha acabado de voltar do parque em Teotihuacán, no México, e decidi retornar ao hotel para descansar por duas horas. Liguei a televisão em um programa em que duas jovens estavam vasculhando uma praia no México em busca dos "melhores e piores estilos de roupa na praia". Ambas estavam vestidas com elegância e, à medida que andavam pela praia cheias de confiança, criticavam e ridicularizavam qualquer um que julgassem estar malvestido. Então, a câmera aumentava o zoom e tirava fotos nada lisonjeiras dos banhistas desavisados. Naquele trecho, parecia que todos haviam recebido uma nota de reprovação e que as duas jovens aparentemente eram as únicas pessoas bem-vestidas na praia. No fim do percurso, no entanto, elas se depararam com alguém que julgaram estar até mais bem-vestida do que elas. Uma das jovens foi até a senhora elegante, cobriu-a de elogios e lhe pediu que compartilhasse sua sabedoria em moda. A mudança de conduta das jovens foi incrível: passaram de juízas impiedosas a seguidoras subjugadas.

Enquanto assistia ao programa, não pude deixar de pensar na minha adolescência, quando andar pela escola era algo muito parecido com esse programa de TV. Eu era tanto o crítico quanto o criticado, e trabalhava uma imagem em que a adulação era expressão de aceitação. Lembro como me sentia desconfortável ao ser o centro das atenções por não atender aos padrões de um grupo e como me sentia cheio de razão ao ser o crítico no grupo com o qual me identificava.

Esse tipo de comportamento não se limita às aparências ou tendências. Ocorre também em círculos espirituais, no local de trabalho e em muitas outras situações da vida. O mecanismo do nosso amor condicional, que envolve o juiz e a vítima, tem sido empregado com maestria por muitas pessoas.

Tenho visto algumas pessoas fazerem de sua identidade tolteca um catalisador para a própria domesticação, ao transformar os compromissos para a busca da liberdade individual em condições de aceitação, até mesmo rejeitando outras pessoas que seguem tradições diferentes. Portanto, não importa qual seja a crença, o apego neste nível vai corrompê-la.

Para continuar com o nosso exemplo da dieta, digamos que a pessoa que se diz vegana agora use sua identidade como ferramenta catalisadora para o amor condicional. Para ser digna do próprio amor, ela deve ser uma vegana restrita e não se desviar de seus propósitos para não sentir a ira de sua autocrítica. Vive rodeada de outros veganos que vão confirmar o mérito de ser um vegano pela aceitação e pelo julgamento de si e dos outros. Ela não se relaciona com muitos não veganos, tenta domesticar as pessoas que ama para que mudem a alimentação e sente pena delas por não terem despertado para o seu ponto de vista. Desse modo, ela está sempre em conflito com opiniões que não combinam com as dela. Mantém uma alimentação saudável, mas impõe a si mesma, e aos outros, o conhecimento que acompanha essa preferência na vida. Sua máscara de identidade ainda reflete uma paixão do Eu Autêntico, mas a névoa criou uma imagem distorcida dessa verdade quando a domesticação entrou em cena.

A mentalidade do juiz e da vítima produz apenas infelicidade. Para vivermos de acordo com essas condições e sermos aceitos, escondemos quem realmente somos não apenas dos outros, mas também de nós mesmos. Estamos completamente confusos, uma vez que acreditamos que a máscara criada por nós é quem somos. Criamos o que acreditamos ser uma imagem aceitável para o amor condicional, pouco importando qual seja nossa paixão e nossas preferências na vida e projetamos essa imagem unicamente para sermos aceitos. Vem à mente a imagem de um *luchador* [termo usado no México para se referir ao praticante de *lucha libre* ou *wrestling*] que está sempre lutando pela fama e pela fortuna. Enquanto impede que seus rivais tirem a máscara dele e exponham sua verdadeira identidade, ele tenta tirar a máscara do oponente para que brilhe ainda mais em sua glória.

O apego neste nível provoca uma desarmonia entre a mente, o corpo e a alma, o que por sua vez reflete em todos os nossos relacionamentos. Os únicos vislumbres de paz vêm de vitórias individuais, momentos que estão longe de serem permanentes. Essa é a versão do Sonho do Planeta que parece estar em constante conflito.

9
Nível cinco

Fanatismo

"O conhecimento está controlando você ou você está controlando o conhecimento?"
Meu conhecimento controla cada uma das minhas ações.

No nível cinco, desenvolvemos um apego inflexível ao conhecimento e um excesso de intolerância às ideias opostas. O fanatismo é impulsionado por uma necessidade de acreditar cem por cento em alguma coisa, mesmo que ela só tenha significado se outras pessoas também estiverem de acordo. Qualquer coisa que contradiga ou coloque em dúvida a sustentabilidade da crença é uma ameaça direta, e um fanático vai defender sua crença a qualquer custo. O preconceito, a intolerância e a violência são os instrumentos utilizados para que a crença seja imposta ao Sonho do Planeta.

Apesar do que pode aparecer, a força propulsora por trás do fanatismo não é o ódio ou a raiva, e sim uma forma extrema de amor condicional por si mesmo e pelos outros. É por isso que qualquer crença bonita pode se perder em corrupção, uma vez que o conhecimento controla a vontade das pessoas pelo bem da existência dessa crença.

Com o fanatismo, a pessoa é total e completamente domesticada por suas crenças, e o conhecimento se torna inflexível e controlado. Ele tem um controle rígido sobre a nossa vontade. O apego neste grau exige que tentemos domesticar todos à nossa volta, e nos tornamos tiranos. Não há liberdade sob a tirania. Nos termos da tradição tolteca, neste nível a névoa não nos deixa nem mesmo ver que há um espelho. Ela é tudo o que vemos.

Para ilustrar este nível em uma escala pequena porém de longo alcance, volto ao exemplo da jovem vegana, que agora é mãe. Ela domestica o filho para que ele siga a tradição vegana da família, esforçando-se para lhe incutir a identidade de que está convencida ser a única correta, aquela que ela adotou para si mesma. (Por favor, meu objetivo aqui não é julgar o veganismo ou fazer de qualquer um desses exemplos um catalisador para debate. Quero apenas apresentar um espelho.)

Imagine um jantar na casa dessa família. A jovem mãe está preparando a refeição na cozinha, enquanto o marido e o filho sentam-se à mesa na sala de jantar.

— O que você gostaria de comer? — pergunta a mãe.

— Carne assada — responde o menino.

— Não comemos carne assada nesta casa — diz ela em um tom sério.

O menino começa a protestar e implora apoio ao pai. Mas ele, tendo adotado o sistema de crenças da mãe, pede que o filho a escute. A criança volta a pedir carne assada, enquanto a mãe explica que o resto da família gosta apenas de alimentos veganos saudáveis.

— Somos veganos — diz a mãe.

— Não! Eu não sou vegano — diz o menino.

— Tudo bem, então você vai ter que encontrar um novo lugar para morar.

O apego da mãe a este ideal levou a criança a ter de aderir a uma condição: para ser um membro da família ele também precisa ser vegano. Isso é domesticação, e a recompensa da criança por adotar a dieta vegana é ser aceita como membro da família. Se ela não seguir a dieta, será rejeitada pela família. No nível quatro, Interiorização, ainda há espaço para que o menino diga "não", com a possibilidade de a mãe não prosseguir com a condição. No entanto, quando o apego se torna fanático, o resultado é o conflito e a domesticação incansáveis, e qualquer resposta contrária leva à rejeição absoluta.

Imagine essa situação em uma família em que o pai e a filha apresentam diferentes convicções políticas, ou em que um irmão acredita cegamente nas propriedades curativas de remédios homeopáticos, enquanto a irmã crê nas da medicina tradicional. Essa é uma guerra que não acaba mais, em que a paixão é substituída pela obsessão, ou seja, uma obsessão por viver de acordo com as condições da máscara da identidade. Seja quem for o vencedor da disputa, ele reforçará o seu apego como a referência de conhecimento que vai despertar a todos para a verdade.

Não é raro ver esse tipo de interação nas famílias e isso pode ser inclusive aplicado às crenças religiosas, ao status social e a várias outras situações. Este é um caso em que a pessoa sente obrigação de impor suas convicções aos outros membros da família, e ela não vai parar até conseguir subjugar a vontade deles, ou até que o relacionamento acabe. A verdadeira consequência do fanatismo é esta: uma barreira entre pessoas que poderiam se amar de verdade se não fosse por este argumento.

Já vi também pessoas se tornarem fanáticas pela tradição tolteca. Para elas, os conceitos e as lições de liberdade pessoal nos compromissos e nos ensinamentos não são tão importantes quanto a necessidade de impor a filosofia a si mesmos e aos outros como verdade única.

"Só quero estar próximo de pessoas que são iluminadas pela filosofia tolteca" é um comentário que ouvi algumas vezes. Também já ouvi críticas por não ser "tolteca o suficiente". O fanático deixou sua felicidade e a aceitação dos outros tornarem-se dependentes da adesão a seu sistema de crenças, seja ele qual for. Essa forma de conflito sem tréguas pode levar uma pessoa até o ponto em que uma ideia ou crença torna-se mais importante do que a própria vida, o que dirá da vida dos outros.

As histórias de crimes de honra por todo o mundo, não importa a religião ou o status social, incorporam uma forma extrema de amor condicional dentro de uma família. Nessa situação, em que o comportamento de uma pessoa é forçado pela família sob condição de vida ou morte, o Sonho do Planeta pode ser visto como um pesadelo: a morte é o nome do amor. Se é possível estar tão apegado a um modo de vida a ponto de a integridade dos membros da própria família ser considerada menos importante do que a defesa dos valores, imagine do que é capaz essa forma extrema de nível de apego quando se trata de completos desconhecidos.

Os exemplos mais óbvios de fanatismo podem ser encontrados em reportagens sobre assassinatos em nome de alguma causa, crença ou estilo de vida, em que o amor de alguém pelo seu semelhante é inteiramente condicionado à disposição do outro de fazer ou ser exatamente o que é esperado e aceito em tal sistema de crenças. Os narradores falam tão alto nesses casos que abafam o Eu Autêntico e impõem de forma implacável e completa o amor condicional a um extremo em que a morte torna-se um meio para o fim.

O apego neste nível não se apresenta somente sob a forma da morte, mas também onde a violência de tortura, de estupro ou qualquer profanação de outro ser, seja ele homem, criança ou animal, se torna uma opção viável e uma ação. O fanatismo é a perda completa do respeito pelo outro, quando não vemos mais um indivíduo como ser humano, e sim apenas como uma ideia ou um número. Infelizmente, há muitas histórias que ilustram isso nos noticiários e na mídia sensacionalista, mas saiba que todos os indivíduos que agem dessa maneira sofrem de um tipo de ilusão no qual acreditam que suas ações são justificadas.

Os fanáticos também impõem padrões não realistas a si mesmos e colocam a própria vida em risco tentando se encaixar em um molde. Esse é o caso da anorexia ou da bulimia, em que uma pessoa é tão apegada à necessidade de atingir um determinado ideal que não consegue mais enxergar quem é de verdade, mesmo quando se vê no espelho. A imagem de si mesmo pode se tornar tão distorcida que a própria percepção de sua humanidade é perdida. Ela não tem a consciência de que passou do limite. A morte vem sem a consciência de ter decidido tirar a própria vida.

Talvez o leitor não se identifique com esses exemplos extremos de fanatismo, mas um apego neste nível se manifesta de outras formas que não são facilmente reconhecidas.

Os entes queridos podem fazer o seu melhor para tentar despertar alguém dessa ilusão, mas, como em qualquer situação, o indivíduo deve ter um verdadeiro desejo de mudar essa mentalidade, o que não significa que os entes queridos devam parar de tentar. Uma vontade ou desejo de viver é o catalisador para a mudança de mentalidade. Uma vez encontrado esse desejo e recuperado o respeito pela própria humanidade, pode-se dar os primeiros passos para reduzir os níveis de apego, e então a ilusão pode começar a desaparecer. Isso é verdadeiro tanto para o agressor quanto para a vítima; não podemos dar o que não temos. Esse apego é deixado de lado quando passamos a respeitar a própria vida.

Ainda há muito trabalho a ser feito para livrar-se da ilusão, essa versão corrompida do conhecimento que já não reflete a vida, mas, sim, o que nosso apego quer ver. Quando concretizamos esse desejo, começamos a ver uma porção da verdade que serve de base para a nossa transformação. Apesar de ainda trabalharmos para deixar de lado a ilusão, encontramos um momento elucidativo; uma verdade, sob a forma de vida, foi escolhida. Ao recuperarmos o respeito por nossa própria humanidade e pela humanidade dos outros, começamos a nos tornar cientes da força da nossa própria vontade.

10

O maior demônio

Meu pai sempre me levou a questionar o meu conhecimento, a desafiar meus apegos e a descobrir novas formas de compreensão. Ao longo da minha formação ele sempre me apresentou enigmas. Um dia, ele me perguntou:

— Miguel, sabe qual é o maior demônio do mundo?

Pensei por um momento e, em seguida, respondi que não com a cabeça.

— É o amor — respondeu ele, com um leve sorriso nos lábios.

— Como pode o *amor* ser o maior demônio do mundo?

Perguntei, achando aquilo muito suspeito, e senti minha reação emocional se espalhar pelo meu corpo, partindo de algum lugar em torno da minha barriga. Senti a irritação de uma criança que sabe que o pai está prestes a estourar outra de suas bolhas favoritas.

— Resolva o enigma e você vai descobrir — disse ele.

Olhei para o meu pai, o homem que escrevera o livro *O domínio do amor,* desconfiado.

— O amor não pode ser o maior demônio do mundo! — eu praticamente gritei. — Somos o amor. Compartilhamos amor. Amor é tudo o que somos.

A isso, ele simplesmente respondeu:

— Miguel, resolva o enigma — e foi embora.

Pensei sobre o assunto, mas aquilo não fazia absolutamente nenhum sentido para mim. *Somos* amor. Nascemos *no* amor. Como ele pode sequer dizer que o amor é um demônio, e supostamente *o maior* demônio de todos? E se eu *sou* amor, como *eu* posso ser o maior demônio do mundo?

O enigma ficou sem solução na minha mente durante algum tempo.

Depois veio o meu momento de elucidação, do tipo que chega do nada e coloca a pessoa no caminho que a orienta pelo resto da vida. Chegou enquanto eu estava assistindo ao jogo do San Diego Chargers contra o Oakland Raiders, dois times de futebol americano que são grandes rivais. Tenho consciência do meu nível de apego ao Chargers. Quando os vejo jogar, faço uma escolha consciente de me envolver no jogo, e rapidamente vou para um nível três de apego. Às vezes vou até mesmo para o nível quatro. Talvez seja por isso que minha epifania tenha vindo durante um jogo de futebol.

Nos primeiros 15 minutos desse jogo, a televisão de repente ficou sem som. Havia algo de errado com a TV ou com a transmissão, e o jogo *não* tinha som de jeito nenhum. Não conseguia ouvir o que estava acontecendo! Percebi ali uma oportunidade para praticar um exercício. Desafiei a mim mesmo a assistir ao jogo como se eu nunca tivesse assistido a um na vida. Meu objetivo era desaprender, ou deixar de lado, o que eu sabia sobre futebol americano e simplesmente curtir a cena à minha frente. Eu queria me desligar de todas as minhas preconcepções.

Levei um bom tempo para deixar de descrever a mim mesmo o que estava acontecendo no campo e apenas assistir ao desenrolar do jogo. Vi dois times em combate e comecei a compreender suas jogadas e ações assumindo uma nova perspectiva. Comecei a ver cada ação como estava se desenrolando de verdade. A minha mente ficou em silêncio, e eu simplesmente assisti. Formou-se uma conexão mais profunda entre eu e o que estava acontecendo no campo naquele momento. Eu estava entusiasmado com o jogo de ambos os times.

Após cerca de meia hora, o som voltou. E eis que agora havia duas vozes a descrever o que estava acontecendo, a narrar cada momento. Os narradores estavam me dizendo em que eu deveria focar e pude sentir minha atenção sendo guiada até o momento em que eu não estava mais assistindo ao jogo como antes. Em vez disso, passei a ouvir o que estava sendo dito. Os narradores me diziam quando torcer e quando não torcer. Explicavam por que a bola era lançada, por que um *touchdown* era possível e por que a defesa estava tão boa. Depois começaram a falar de coisas que nem estavam acontecendo no campo: por que um jogador estendeu o contrato, quem deveria ser negociado, qual jogador nem merecia estar no time. Passei a prestar atenção apenas ao que as vozes queriam que eu visse, à medida que davam destaque às jogadas mais impressionantes com toda a empolgação e expressavam decididamente a desaprovação de jogadores fracos. Quando o jogo terminou, só consegui recordar o que aqueles comentaristas esportivos queriam que eu lembrasse. Somente vislumbres da realidade: um *touchdown*, uma grande tacada ou um magnífico passo, que brilharam em toda aquela narração. Na cobertura transmitida logo depois, cada momento do jogo foi relatado. Ao que parecia, eu precisava de uma equipe de narradores para me dizer o que eu tinha acabado de ver.

Foi quando subitamente percebi que eu tenho aqueles mesmos comentaristas em minha própria cabeça. A única diferença é que eles têm a minha própria voz. Assim como tomar um gole de vinho e pensar sobre a região e a variedade das uvas, em vez de desfrutar da experiência, deixo que os narradores falem sobre qualquer coisa que me chame atenção, geralmente algo a que já sou apegado. Isso me afasta da experiência do momento presente da mesma forma que uma tira de borracha muito esticada escapa e volta para trás. Os narradores são as vozes do filtro do que sabemos, os pensamentos e as crenças que constroem nosso sistema de crenças. Foi a isso que meu pai se referiu como "a voz do conhecimento". Chamo-as simplesmente de "narradores".

Na tradição tolteca, há um símbolo que usamos para descrever toda a conversa em nossa mente, o *mitote,* que significa "mil vozes falando ao mesmo tempo". Essas vozes estão todas tentando chamar sua atenção, e as que falam mais alto normalmente são aquelas que se manifestam sob a forma de um apego. Alguns narradores podem falar da distorção, enquanto outros podem falar da verdade. Usando a razão, somos capazes de detectar a diferença entre as duas, mas é difícil distingui-las se estivermos apegados a elas. Nossa percepção do mundo depende dos narradores a que estamos apegados, pois criamos nosso mundo à imagem deles.

É óbvio que sempre compreendi isso em um nível intelectual, mas por meio dessa experiência finalmente compreendi em um nível muito mais profundo e intuitivo. Os narradores são a personificação de nossos apegos às coisas, às ideias e às crenças. Eles podem nos manter enraizados nas experiências passadas enquanto tentamos dar sentido ao presente. Tendemos a encaixar novas experiências de forma organizada em nossas preconcepções. Essas vozes também nos mantêm focados em algum objetivo idealista para nós mesmos, algo para alcançar no futuro, ou algo que podemos até nos convencer de que nunca alcançaremos, mas mesmo assim achamos que é algo pelo qual devemos nos esforçar.

Voltando a atenção novamente para o amor, nossos narradores também representam um papel importante em nossos relacionamentos. Quando eu era mais jovem, me apaixonei por uma linda jovem. Mas, depois de algum tempo apenas desfrutando do nosso amor um pelo outro, nos acomodamos e nosso relacionamento caiu na rotina. Começamos a encontrar algumas falhas nele e a discutir sobre como as coisas deveriam ser para que aquele relacionamento atendesse as nossas expectativas.

Eu não tinha ideia do que realmente se passava na cabeça dela, além das coisas que ela me dizia. Entretanto, eu sabia o que estava se passando na minha. Os meus narradores estavam comentando: "Para ser a namorada perfeita, ela *deveria* ser dessa forma... O nosso amor *deveria* ser desta maneira... Ela faz isso para me controlar... Como posso fazê-la feliz?... Eu *deveria* fazer isso..." Todas as coisas que meus narradores me disseram estavam baseadas no meu apego ao que eu acreditava que um relacionamento deveria ser para que continuássemos amando um ao outro. Todas essas expectativas foram informadas pela minha experiência passada e pelas crenças que adquiri enquanto crescia. Permiti que meu conhecimento analisasse como deve ser um relacionamento e acreditei nele. Eu não estava mais em conexão ou em comunhão com a minha amada. Minha atenção estava voltada para a voz dos meus narradores. Na época, eu podia ver que, embora nosso amor ainda estivesse lá, nosso apego às ideias sobre o que achávamos que deveria ser o amor acabaria ficando em nosso caminho. Isso tudo aconteceu porque demos ouvidos aos nossos narradores.

E, assim, por meio dessa percepção do jogo de futebol e da observação do meu relacionamento, finalmente compreendi o que meu pai quis dizer afirmando que o amor é o maior demônio. Em vez de simplesmente experimentarmos o amor, estarmos apaixonados, ouvimos nossos narradores explicarem como se deve sentir o amor: o que nos faz dignos dele, quem deveria nos amar e como deveriam expressá-lo, o que precisamos fazer ou alcançar para amarmos a nós mesmos, e o que os outros precisam fazer para receber nosso amor em troca. Começamos a acreditar na análise dos narradores do que deve ser o amor e a nos tornar apegados a essa convicção, então impomos isso a nós mesmos e aos outros, criando assim uma imagem distorcida do amor. Os narradores nos convencem de que, se conseguirmos alcançar uma perfeição imaginada, seremos tão cheios de amor que a vida será serena a partir daí. Mas o que realmente acontece é que tornamos o amor condicional. E, se continuarmos a seguir a orientação dos nossos narradores, ficaremos da infância até a idade adulta, e até depois, apegados à ideia de que precisamos encontrar uma personificação viva do que é o "verdadeiro amor".

Para estar apaixonado, precisamos ter alguém para amar. E, é óbvio, essa pessoa precisa nos amar também. Ficamos totalmente desconectados nesta parte, formando nossa ideia de amor por meio de reforço positivo e negativo, da mesma forma que fazemos quando criança, sempre buscando a aprovação dos pais, ansiando pela aceitação deles e nos diminuindo diante da desaprovação. Esse tipo de amor tem tantas condições agregadas que o sofrimento é inevitável. E, assim, o amor se torna o maior demônio de todos. As nossas distorções transformam o anjo do amor incondicional em demônio, um símbolo da distorção da verdade, o que provoca o medo exagerado, distorce ainda mais nossa visão e cria um inferno pessoal para nós mesmos.

Quando olhamos no espelho e não vemos um reflexo do amor, isso significa que não estamos conseguindo ver além da névoa que distorce nossa visão e nos faz pensar que o amor é algo que precisa ser adquirido.

Se olharmos nosso reflexo, e em nossos olhos, veremos o que está além deles, veremos a verdade. Não há necessidade de perseguir o amor quando somos o amor. Simplesmente nos livramos do nosso apego ao que esperamos ver para que possamos enxergar além disso. Desligamos o volume dos nossos narradores, a voz do nosso conhecimento, e simplesmente nos envolvemos com o presente, e então a verdadeira imagem do amor vai aparecer.

Sempre fomos amor. Mas crescemos tão acostumados com o reflexo enevoado e distorcido do amor que não nos permitimos ver ou aceitar que não sabemos como viver sem isso, o que é a maior mentira.

Entretanto, quando nos tornamos conscientes do nosso apego e decidimos deixar de lado a distorção, a motivação para mudar vem do nosso próprio amor e isso nos dá toda uma nova perspectiva sobre a vida. Essa motivação genuína é o assunto da próxima seção.

Quando abandonamos o apego aos nossos narradores, especialmente seus julgamentos e críticas, e aceitamos a nós mesmos como somos, o amor condicional não vai mais ser o motivador que nos leva a mudar. Por exemplo, se olho no espelho e digo: "Ei, Miguel, você está fora de forma. Ninguém vai levar você a sério desse jeito. Você precisa perder um pouco de peso." Estou sendo motivado pelas opiniões distorcidas dos meus narradores. Porém, quando olho no espelho e digo: "Ei, Miguel, você é sua versão perfeita neste momento e eu o aceito completamente. No entanto, entendo que você possa querer perder alguns quilos para ser mais saudável." Assim, estou sendo motivado a fazer mudanças pelo desejo de me cuidar, que vem do meu amor-próprio. Fazer uma dieta não é uma condição para que eu me aceite. Em vez disso, reconheço a verdade do meu estado nada saudável e decido fazer uma mudança, não porque o amor condicional tenha forçado, mas porque me amo e me aceito.

Adotar medidas para melhorar nossa saúde, mudar de carreira ou realmente fazer algo que vai transformar nossa vida geralmente é um processo emocional. O medo do fracasso ou de não atingir o objetivo a que nos propusemos muitas vezes nos impede de tomar medidas e, na verdade, perpetua o que *não* queremos.

Em um episódio da série *Frasier*, Frasier luta contra o seu passado e tem uma alucinação de todos os seus amores antigos. Ele chega a uma conclusão que ilustra bem meu ponto de vista: "Sou sozinho porque tenho medo de ficar sozinho!" Ele não dá uma chance ao amor porque tem medo de fracassar e, depois, ter que sentir a dor da rejeição. Felizmente, ele percebe que o único caminho a seguir é abandonar as feridas que o mantêm no passado.

Acreditar que precisamos evitar a rejeição a todo o custo é uma crença muito comum. Por exemplo, se alguém diz "não estou atraído por você", você tem uma opção sobre o que fazer com esse conhecimento. Pode aceitar a verdade sem o narrador e perceber que isso não tem nada a ver com você e sim com a pessoa e as preferências dela. Isso continua sendo difícil de ouvir, mas é algo simples e termina aí.

A outra opção, e infelizmente a reação mais comum, é adotar a preferência da pessoa e usá-la contra si mesmo para reforçar alguma crença negativa que você tenha: ela não se sente atraída por mim porque estou acima do peso, sou muito baixo etc. Dessa maneira, você acaba usando a preferência da outra pessoa para convencer a si mesmo de que não merece seu próprio amor ou aceitação. A motivação para fazer melhorias de repente se torna condicional: se eu perder alguns quilos, talvez ela goste mais de mim, ou talvez alguém ainda melhor se sinta atraído por mim.

De qualquer forma, você está fazendo uma escolha. Pode deixar a sua autoaceitação ser subjugada pelo gosto ou opinião de outra pessoa, ou pode aceitar que ela declare o que é verdade para ela sabendo que isso não muda quem você é.

Na minha experiência, o único motivador que traz mudança duradoura é o amor-próprio. Quando me amo e me aceito, quero tratar bem a mim mesmo e ser o mais saudável possível, e somente então tenho a liberdade para me desintoxicar de qualquer coisa que tenha subjugado a minha vontade.

Quando se trata de ser motivado pelo amor-próprio para fazer mudanças na vida, não há essa coisa de "você pode" e "você deve". A frase-chave aqui é "quero fazer essa mudança por mim". Quando disser "sim" para esta opção, pode começar o processo. Fazer isso por si mesmo, em vez de para agradar aos outros ou aos seus narradores, faz toda a diferença entre criar uma mudança duradoura e uma ilusão temporária.

Mesmo que você tropece ao longo do caminho, quando quer fazer uma mudança, você deve continuar a levantar, a exercitar a sua vontade como se exercita um músculo. À medida que a sua vontade se fortalece, você vai saber o que é paixão. A paixão é a expressão do amor, é o nosso Eu Autêntico, na forma da nossa intenção. Um objetivo, um resultado final, é simplesmente um foco que nos permite conduzir nossa intenção em determinada direção, desfrutando de todo o processo que nos leva àquele ponto porque estamos vivendo por meio dele.

O amor autêntico é o maior motivador para abandonar os apegos, enquanto o amor condicional apenas os fortalece. Saber a diferença é fundamental quando entramos no processo de liberação das condições e compromissos que nos impedem de vivenciar nossa autenticidade. É na raiz disso que se define como nos relacionamos com nós mesmos e com as pessoas em nossa vida: não posso dar o que não tenho. Se tenho amor condicional, vou dar amor condicional. Se tenho amor autêntico, então vou ser capaz de dar amor autêntico. A melhor maneira de deixar de lado a ilusão é optar por aceitar a verdade como ela se apresenta a nós, ou seja, simplesmente como ela é. Como já foi dito: "A verdade o libertará."

11

Transitando entre os níveis de apego

A maioria das pessoas que encontro na vida parece estar nos níveis três e quatro, Identidade e Interiorização. Embora as vozes do Fanatismo com certeza sejam as mais altas, pessoas no nível cinco parecem representar a minoria daquelas com quem já interagi no Sonho do Planeta. No entanto, é importante observar que cada um de nós se move para cima e para baixo nos níveis de apego durante a trajetória da vida, e por isso todos nós já experimentamos diferentes níveis de apego em um momento ou outro.

Podemos nos mover para cima e para baixo nos níveis com consciência e, algumas vezes, sem ela, como uma criança que fica presa em um momento desagradável até que alguma coisa aconteça para desviar ou redirecionar sua atenção. É óbvio que, como adultos, os nossos apegos são muito mais fortes do que essa experiência infantil, uma vez que temos uma tendência a nos acomodarmos em nossas convicções e circunstâncias. No entanto, ainda podemos mudar o foco da nossa atenção se optarmos por passar pelo processo de *redirecionamento*.

Redirecionamento

Primeiro, devemos tomar consciência de onde a nossa atenção se encontra no momento. Ter consciência de nossos apegos é o começo de qualquer processo, e reconhecer as crenças com as quais nos identificamos, nos interiorizamos e nos tornamos fanáticos é o primeiro passo para nos movermos em direção ao nosso Eu Autêntico em qualquer situação. Aceitar a verdade, naquele momento, é aceitar a nós mesmos pelo que somos, com os apegos e tudo o mais. A partir desse momento de aceitação, a questão passa a ser: "Será que eu quero manter o apego?"

Se escolhermos mantê-lo, o que pode acontecer, não tem problema, pois estamos fazendo isso tendo consciência do apego e escolhemos viver a vida assim. Se não quisermos mantê-lo, então podemos escolher começar a deixá-lo de lado. A liberdade de escolher entre essas duas opções é a manifestação da nossa intenção, o poder da escolha.

À medida que ficamos mais apegados àquilo que acreditamos, torna-se mais difícil ver o poder da nossa intenção. Isso é especialmente verdadeiro quando temos compromissos que não permitem que nos desliguemos sem antes nos julgarmos até mesmo por pensar em mudar nossa mente.

Indo do nível cinco para o nível quatro

Nos níveis cinco e quatro, Fanatismo e Interiorização, o Sonho do Planeta influencia a maneira como nos vemos e como nos comportamos. Em outras palavras, a domesticação reina acima de tudo. Mover-se do ponto extremo do Fanatismo (a perda da humanidade) para a Interiorização requer a capacidade de ver que a nossa vida, e toda vida, é mais valiosa do que qualquer ideia ou crença.

O amor e o respeito por si mesmo e por outros é o começo do processo para abandonar o fanatismo. Não podemos dar aquilo que não temos, o respeito pela vida começa respeitando nossa própria vida, e o amor é a origem do fundamento para esse respeito. Perceber que nossa vida é algo que vale a pena nos permite ver que a vida de outro indivíduo é igualmente especial. Porém, abandonar a forma mais extrema de amor condicional exige uma capacidade de questionar os compromissos que estão vinculados a ele. O ato de questionar produz um momento de clareza que nos permite usar a nossa verdade.

Uma consequência do apego ao conhecimento no nível do Fanatismo é que nos impomos a autocrítica até mesmo por pensarmos que pode haver uma outra maneira de questionar. Por exemplo: como ouso pensar em qualquer outra possibilidade que não seja a tolteca? Sou um traidor para a filosofia! Eu deveria queimar no inferno por essa traição!

Quando estamos no nível cinco, é difícil até mesmo questionar os nossos apegos. No entanto, questionar é de fato uma maneira de romper o controle que o nosso apego ao conhecimento tem sobre a nossa vontade. Esse processo é um pouco como estar no brinquedo da escada horizontal, em que a única maneira de se deslocar para a frente é abandonar a barra que está atrás de nós, enquanto nos impulsionamos para a frente para alcançar a próxima barra. Se não abandonarmos a barra anterior, não seremos capazes de seguir em frente.

Um momento de dúvida sobre uma crença pode ser a rachadura de onde nossa percepção começará a expandir. A dúvida na forma do ceticismo combinado à disposição para aprender nos permite reter nosso compromisso até que tenhamos ouvido com clareza e considerado tudo o que diz respeito à nossa crença. O ceticismo possibilita reavaliar uma crença e tomar uma decisão para prendê-la a ele, dizendo sim ou não. Lembre-se, existe um "sim" na raiz de toda crença que temos, mas um "não" pode ser suficiente para mudá-la. Nosso "não" é tão poderoso quanto nosso "sim". Essa é a afirmação da nossa vontade, e o fato de nos tornarmos conscientes disso nos permite ter a oportunidade de deixarmos de ser subjugados pelo nosso conhecimento. Aqui, começamos a perceber que estamos no controle, e não o nosso conhecimento.

Para recapitular, mover-se do nível cinco, Fanatismo, para o nível quatro, Interiorização, requer a consciência do conhecimento que percebemos e, depois, perguntar a nós mesmos: será que realmente acredito nisso? Por que acredito nisso? Essa crença me supre? A reavaliação de nossas crenças introduz a opção de continuar a acreditar ou mudar. O simples ato de exercer a escolha nos permite, uma vez mais, ter consciência da nossa própria vontade. Deixar de lado o fanatismo é permitir a nós mesmos ouvir o que percebemos e reavaliar nossa disposição em dizer "sim" ou "não" para ele com consciência, é optar pelo redirecionamento do foco da nossa atenção, à medida que nos tornamos mais conscientes das várias possibilidades que a vida nos oferece. A melhor maneira de abandonar a ilusão é dizer "sim" para a verdade quando ela é apresentada a nós.

Indo do nível quatro para o nível três

Passar do nível quatro, Interiorização, para o nível três, Identidade, requer reconhecermos o nosso apego ao mecanismo do amor condicional. A aceitação e a rejeição em si (comentários distorcidos dos nossos narradores) são, de acordo com a tradição tolteca, o catalisador para a distorção ou corrupção do conhecimento que nos possibilita internalizar a nossa identidade. Quando nos livramos da luta interna entre a verdade e a mentira, atravessamos para o nível três, Identidade. Em nossa tradição, essa rebelião representa o nascimento de um guerreiro tolteca: quando reconhecemos que o mecanismo tem um controle sobre nós, optamos por não acreditar nisso, iniciando assim uma guerra interna pela nossa própria liberdade pessoal.

As belas obras do meu pai, *Os quatro compromissos* e *O quinto compromisso,* sendo a última uma colaboração com meu irmão Don José, assim como os trabalhos de muitos outros grandes professores e mestres espiritualizados e inspiradores de outras belas tradições, nos forneceram ferramentas incrivelmente úteis para nos ajudar a passar do nível quatro para o nível três.

Por exemplo, ao escolher praticar os compromissos toltecas, começamos a deixar de lado aqueles compromissos e condições pelos quais nos julgamos indignos do nosso próprio amor e passamos a ver os nossos apegos sob uma perspectiva de objetividade. São eles:

1. Seja impecável com sua palavra
2. Não leve nada para o lado pessoal
3. Não tire conclusões
4. Dê sempre o melhor de si
5. Seja cético, mas aprenda a escutar

Também nos tornamos cientes de que o apego à domesticação pode até mesmo nos instigar a usar esses compromissos toltecas de liberdade pessoal (ou qualquer dessas ferramentas para transformação) como as condições de autoaceitação e da nossa aceitação pelos outros. Dessa forma, distorcemos as ferramentas a partir dos instrumentos de transformação a que estão destinadas para que estejam nas Cinco Condições da nossa liberdade pessoal.

Como podemos impedir que a nossa escolha de perseguir a nossa liberdade pessoal se torne as condições da nossa própria aceitação? Aplicamos as lições por escolha própria e permanecemos cientes de que elas são apenas ferramentas que usamos para guiar a nossa intenção, enquanto praticamos o domínio do nosso amor-próprio. Em outras palavras, começamos a usar o conhecimento como um instrumento para ajudar a guiar a nossa intenção com consciência. Isso exige que façamos a escolha de nos aceitar pelo que somos. No momento em que percebemos que podemos amar a nós mesmos exatamente do jeito que somos, conseguimos ver que a domesticação não é mais necessária, e que a nossa aceitação não está mais no futuro. Estamos vivendo esse amor neste momento. Tornarmo-nos conscientes das próprias ações, assumirmos responsabilidade por vontade própria e nos arrependermos, se necessário, permite-nos perdoar a nós mesmos e aos outros por nossas ações e pelas deles, e nos ajuda a abandonar a domesticação.

Exercício: o uso de labirintos na tradição tolteca

Na tradição tolteca da minha família, praticamos um método de perdão e de abandono da nossa domesticação, assim como das nossas feridas e veneno emocionais. Usamos o labirinto, que tem apenas um caminho. É um símbolo e uma cerimônia usada de diversas formas por muitos povos e tradições no mundo. O exercício a seguir é realizado em nossa tradição tolteca, mas não é a única maneira de empregar o labirinto como ferramenta de transformação.

Imagine-se no início do labirinto. Em primeiro lugar, você precisa estar disposto a entrar. Se não estiver pronto para perdoar e esquecer, você tem a opção de não entrar no labirinto. O exercício só tem poder se você disser "sim" por vontade própria, e apenas por vontade própria você vai ser capaz de se envolver nele. Se realmente escolher entrar, basta dizer: "Sim, estou pronto para perdoar e assumir a responsabilidade por minha própria vontade."

Ao entrar no labirinto, imagine que ele seja um mapa de estradas do seu passado que leva ao seu momento presente na vida. A cada esquina, imagine uma pessoa, um momento ou uma crença que você usou de alguma forma para domesticar a si mesmo. O que ou quem você usou para subjugar sua própria vontade para ser aceito por si e pelos outros? Quando fixar essa visão em sua mente, uma pessoa, por exemplo, pare, imagine-a, e tenha consciência da forma como as palavras dela contribuíram para a sua domesticação e diga: "Perdoe-me. Usei suas palavras para ir contra mim mesmo." Embora essa pessoa possa ter usado suas próprias palavras e ações para domesticar você, ou para lhe causar danos ou dor, você foi o único que por fim disse "sim" para a crença e permitiu que ela florescesse em sua mente.

Tornar-se consciente da responsabilidade por sua metade em uma relação também é crucial, pois a culpa não é apenas da outra pessoa. Reconheça que você tem usado palavras ou ações passadas de outra pessoa para talvez prejudicar vocês dois simplesmente dizendo "sim". A ação de dizer "sim" faz com que as palavras e as ações dos outros impactem você, e permite que elas o machuquem ou virem contra você. As palavras e ações dos outros têm o poder de machucá-lo apenas mediante a sua permissão, pois a escolha é sua de concordar com elas.

O perdão acontece no momento em que você diz "não" para carregar essa dor, esse peso, e deixa isso tudo para trás. Diga em voz alta ou para si mesmo: "Perdoe-me, usei suas palavras e ações contra mim, e não vou mais usá-las para me machucar." O perdão é a ação que nos permite avançar no labirinto.

No meu caso, posso imaginar pessoas que me julgaram por causa da domesticação sob o ponto de vista delas: "Perdoe-me, usei suas palavras e ações contra mim, e não vou mais usá-las dessa forma." É claro que também posso ver as pessoas que me disseram a verdade, especialmente na fase em que eu estava me maltratando, e agradeço a elas pela observação nítida sobre as minhas ações.

Continue a avançar pelo labirinto, repetindo a mesma ação de perdão à medida que novas pessoas e situações venham à mente, qualquer pessoa ou mágoa que prenda sua atenção naquele momento. Essa é a próxima etapa para a qual você está pronto, tanto para enfrentar como para perdoar. À medida que chega ao final de um labirinto, você pode se deparar com uma saída ou um ponto bem no centro. Neste exemplo, você vai chegar à entrada do centro do labirinto. Pare aqui.

Olhe para a entrada do ponto central e imagine um espelho. Vá até ele e observe seu reflexo. Quando estiver pronto, repita estas palavras: "Perdoe-me, usei suas palavras sobretudo para ir contra mim, e não vou mais usá-las para me machucar novamente." A ação de entrar no ponto central do labirinto representa o momento que você perdoa a si mesmo. Esta é a ação de seu próprio perdão e de reivindicação do poder, ou da impecabilidade, de sua própria palavra, de sua própria intenção. Você é digno tanto do próprio perdão quanto do próprio amor.

Nesse ponto do exercício, você deixou de lado o passado, ao reconhecer que a única coisa que existe é o momento presente. O labirinto em si agora é o passado, e você pode abandoná-lo quando perdoar a si mesmo. Conscientemente, você pode agora extrair o conhecimento do seu passado para fazer escolhas no momento presente. O labirinto se expande à medida que você vive sua vida, mas a única verdade está no centro, no momento presente, em que você está vivo. A cerimônia do labirinto termina quando você reconhece que é digno do próprio amor, porque está vivo neste exato momento. Essa cerimônia é um símbolo vivo, que apenas tem poder por meio de nossa intenção. Assim como o trabalho ativo de aplicar as lições e os escritos dos mestres e dos professores que nos ajudam a curar nossas feridas, o labirinto busca representar o trabalho ativo do abandono da ilusão. Abrir mão do nosso conhecimento, na forma da Interiorização, nos permite mais uma vez recuperar nossa liberdade pessoal das mãos da tirania da nossa domesticação, à medida que seguimos para o terceiro nível de apego, a Identidade.

Quando não somos mais controlados pelas vozes distorcidas dos nossos narradores, nossa identidade dá importância às nossas experiências e nos permite compreendê-las, usando conhecimento como uma ferramenta útil e eficaz. Assim, nossa identidade e nosso conhecimento nos possibilitam interagir com o Sonho do Planeta com um poder que não temos quando estamos no nível da Interiorização.

Para que possamos nos relacionar e fazer parte do Sonho do Planeta, o conhecimento precisa nos compreender. Esta é a função do conhecimento: satisfazer uma necessidade para que possamos compreender a nós mesmos e o mundo em que vivemos. Utilizamos o mundo para gerir nossa experiência de vida e para expressar nossas impressões em relação à vida. A famosa frase do filósofo René Descartes "penso, logo existo" é a expressão desse apego à identidade. Mas a afirmação "penso, logo existo" não é passível de ser corrompida pelo mecanismo de juiz e vítima, uma vez que ela não precisa mais distorcer o conhecimento para se adequar ao apego, ela simplesmente descreve o que é, sem distorção.

O apego à identidade é a personificação do conhecimento em nós mesmos. "Nós mesmos" é um conceito em um esforço para dar sentido ao "eu" complexo de cada um. O momento em que abandonamos o nosso apego à identidade é quando nos tornamos cientes da separação do nosso ser e do que sabemos. O conhecimento existe somente porque estamos vivos, e a nossa vontade é a ponte entre o conhecimento e nós mesmos, expressa quando escolhemos "sim" ou "não".

Indo do nível três para o nível dois

Ir do nível três, Identidade, para o nível dois, Preferência, é o momento em que nos tornamos cientes de nós mesmos sem a necessidade de nos identificarmos. O nível três é como ter uma máscara que você não percebe que pode tirar. No momento em que você compreende que a imagem da máscara não é você, você recupera a consciência do seu verdadeiro eu, ou seja, um indivíduo que é completamente livre para tomar qualquer direção na vida.

Na raiz de tudo o que dá forma ao nosso sistema de crenças há um "sim". O "sim" dá vida a uma ideia, a um símbolo ou a uma história, uma vez que ele contém a sua intenção. A identidade de cada pessoa tem um significado porque a pessoa lhe dá um significado ao concordar com sua identidade. Livrar-se do apego a uma identidade é reconhecer que há uma nítida separação entre você (o Eu Autêntico) e o conhecimento. Essa linha divisória é o seu "sim" e o seu "não", é a sua intenção.

Ao reconhecer a verdade, que você é um ser vivo independente do que sabe, você se torna livre para abandonar o apego à necessidade de saber quem você é, pois passar a ter consciência de quem você é. Quando você escolhe de forma autêntica como quer atuar em sua própria vida e no Sonho do Planeta, a máscara da sua identidade não tem mais que proteger o Eu Autêntico com o objetivo de ter uma voz. Você está no controle de sua intenção e do Sonho Pessoal.

As principais características deste nível de apego são: você ama a si mesmo incondicionalmente no presente momento; você desempenha um papel no Sonho do Planeta, sabendo que o seu "sim" e o seu "não" dão vida à sua arte; e você compreende que a verdade existe independente de acreditar nela ou não, mas que uma crença existe apenas enquanto você acreditar nela.

Vamos rever a imagem do espelho enevoado do ponto de vista da tradição tolteca. Atravessamos a névoa o suficiente para ver o espelho quando nos livramos do Fanatismo, limpamos a névoa quando abandonamos a Interiorização e nos tornamos conscientes de que o espelho apenas refletia a verdade quando abandonamos a Identidade. Agora, ao abandonar a Preferência, tornamo-nos conscientes de que somos a verdade que o espelho reflete.

Indo do nível dois para o nível um

A Preferência é baseada em uma conscientização do Eu Autêntico, o ser vivo que eu sou, e a disposição de nos envolvermos na vida. Temos a consciência de que no momento presente podemos adotar qualquer direção, mas há uma preferência por uma em especial. Independente dessa preferência, ou da ação que possamos adotar com base nela, a consciência do Eu Autêntico vai perdurar. Podemos nos envolver completamente no momento ou no conceito.

Ir da Preferência para o Eu Autêntico é simplesmente o ato de desprender-se de suas preferências quando o momento passa. Podemos então retomá-las (nos apegar novamente) ou desprendê-las (desligá-las) à vontade quando optamos por viver o momento.

O que é o Eu Autêntico?

> O que é que há, pois, em um nome?
> Aquilo a que chamamos rosa, mesmo com outro nome,
> cheiraria igualmente bem.
> WILLIAM SHAKESPEARE

O nível do Eu Autêntico é um nome ou termo que simplesmente descreve o ser vivo que tem a capacidade de se envolver na vida. O nosso Eu Autêntico está presente ao longo de todo e qualquer nível, e nós simplesmente temos filtros que bloqueiam nossa consciência disso. Podemos optar por ser o nosso Eu Autêntico, nos tornando completamente livres de apego, se essa for a nossa escolha. Esse estado pode ser temporariamente alcançado por meio da meditação e de outras práticas semelhantes. (Digo *temporariamente* porque nossa consciência geralmente varia ao longo da vida, à medida que nos envolvemos com o Sonho do Planeta e somos instigados pelo mecanismo do juiz e da vítima.)

O Eu Autêntico é o ser vivo que dá vida ao corpo, o que nos possibilita perceber e planejar a vida e interagir com o Sonho do Planeta é a energia que move essa caneta sobre o papel até que o ser deixe esse corpo. É de um potencial puro e ilimitado.

"O que é o 'eu' se não minha identidade ou meu Eu Autêntico?" Essa é a pergunta que o meu conhecimento me faz. Até mesmo o rótulo que estamos usando, o "Eu Autêntico", é um símbolo para expressar algo que queremos compreender. *Quem sou eu?* Esta é uma das perguntas mais importantes no caminho espiritual. A resposta não pode ser colocada em palavras, no entanto, sei que eu existo. Da mesma forma que posso dizer "não sou este corpo", também posso dizer "não sou esta mente". Sou apenas este ser vivo que dá vida a este corpo e a esta mente — uma definição vazia cujo significado somente pode ser determinado pelo meu "sim" ou pelo meu "não".

Os Cinco Níveis de Apego não são regras ou diretrizes para "alcançar" o nível um, o Eu Autêntico. Os Cinco Níveis são simplesmente um sistema de referência para nos ajudar a ter consciência da nossa posição em relação às várias coisas na nossa vida em dado momento. Podemos olhar para qualquer situação e determinar o que impulsiona nossos pensamentos e nosso comportamento conforme o apego que está em ação.

Com a consciência do quanto estamos apegados a uma crença ou a uma ideia em particular, recuperamos algo muito importante: a nossa capacidade de fazer uma escolha, de dizer "sim" ou "não" outra vez. A verdadeira liberdade que temos como indivíduos é ser capaz de escolher com plena consciência do que queremos e do que não queremos, em vez de permitir que nosso conhecimento determine o que devemos ser ou escolher. A nossa liberdade de escolha é a verdadeira liberdade, é o livre-arbítrio.

Se optarmos por permanecer apegados a alguma coisa que nos traz dor, é porque ela também nos conforta de alguma forma. Sabendo disso, temos a oportunidade de examinar mais profundamente a nós mesmos. Se não tivermos consciência disso, passamos a vida com vendas nos olhos, como um escravo para os comentários distorcidos de nossos narradores. Porém, tendo consciência, seremos capazes de responder à pergunta da minha avó: "O conhecimento está controlando você ou você está controlando o conhecimento?" A resposta é a verdade sobre onde estou neste momento, e a verdade vai me libertar.

Quando você está pronto para abandonar um apego, tudo o que é preciso para começar é uma vontade de dizer "sim, eu quero abandonar". E essa é a beleza simples de tudo isso. Quando temos consciência, não há mais a exigência do mecanismo do juiz e da vítima para nos motivar. O nosso novo motivador é a paixão, alimentada apenas pelo amor incondicional e pelo reconhecimento de nosso potencial ilimitado para avançar na trajetória que escolhemos.

12

Desvendando nossas histórias e suposições

Uma coisa é definir e exemplificar o apego em geral, mas outra bem diferente é reconhecer os apegos em si. Pode-se conseguir isso por meio da análise de nossas crenças e dos efeitos delas sobre nosso Sonho Pessoal. Há uma diferença entre aprender pela própria experiência na vida e aprender pelo que os outros nos contam sobre suas experiências. Por exemplo, eu não compreendia os ensinamentos da minha família até que fui capaz de ver um conceito ou característica em mim mesmo. Minha intenção é que este capítulo ajude a orientar o leitor em sua jornada pessoal de autoexploração.

Exercício: desvendando suas suposições

Comece a desenhar um círculo em um pedaço de papel e pare quando tiver traçado três quartos. Mesmo que não o tenha completado, você é capaz de reconhecer a forma como um círculo. Isso acontece porque a mente tem a capacidade de supor que estamos olhando para um círculo e vai completá-lo para nós. O mesmo acontece se desenharmos dois lados de um triângulo. Visualizamos um triângulo nessas linhas.

Com base em nossas experiências passadas, nossa mente tem a incrível capacidade de preencher as partes que estão faltando quando a informação não está completa. Esta é a lei do fechamento da Gestalt: nossas mentes reagem a padrões familiares, mesmo que tenhamos recebido informações incompletas. Os artistas usam esses métodos na criação de arte conceitual, que muitas vezes é bastante instigante e confusa.

No entanto, a mente não faz isso apenas com formas geométricas. Ela preenche lacunas para fazer suposições sobre *tudo*. A mente mostra preferência também quando adiciona informações, favorecendo o que ela acha que já sabe, ou seja, ela complementa novas informações incompletas com as crenças às quais já está atrelada. Como exemplo, vamos fingir que no meu último relacionamento fui trocado por outra pessoa, me deixando de coração partido. Tenho uma nova namorada, com quem estou saindo faz uns meses. No momento estou esperando que ela me ligue. Conforme o tempo passa, eu me pergunto: "Por que será que ela não ligou? São sete horas da noite e ela já deve ter saído do trabalho." Então, minha mente tenta responder à pergunta. Aqui estão algumas possibilidades que minha mente propõe, com base na minha experiência passada, para "completar o triângulo":

    a. Ela saiu com as amigas.
    b. Ela está na academia.
    c. Ela está com outro homem.

Embora eu não tivesse todas as informações, minha mente apresentou três possibilidades. Se não tenho consciência do meu apego à experiência passada, que rotulei como conhecimento, vou ser atraído para a história que melhor se encaixa na minha narrativa: "Ela está com outro homem!"

Minha reação emocional, que vem do desconhecimento, é me ater a essa última suposição e pensar em todas as situações em que minha namorada não esteve disponível para mim. Quando faço isso, a raiva e o apego crescem, e minha mente reforça minha insegurança com ainda mais suposições. "É certo que isso explica tudo!", começo a pensar.

Nesse momento, a porta se abre e minha namorada entra com sacolas de compras cheias de comida e guloseimas dizendo: "Surpresa!" Viro para ela furioso e grito: "Você está me traindo!" E pronto, começa a briga.

Como eu ainda estava preso ao meu último relacionamento, que foi um fracasso, estava muito inseguro e a suposição de que minha namorada atual também tivesse me traído foi a que melhor se encaixou no enredo que criei. Se eu tivesse reagido a partir de um ponto de vista mais saudável, eu poderia ter me apegado a uma das outras hipóteses, ou tê-las ignorado. Porém, minha atenção voltou-se para as informações que alimentaram minha insegurança, porque naquele momento foi a que me pareceu mais familiar. Esse é o problema de fazer suposições.

Para piorar a situação, tendemos não apenas a fazer suposições, mas também a nos apegarmos a elas e a nos convencer de suas verdades. Elas preenchem a lacuna na história com o conhecimento que acreditamos ter adquirido pelas nossas experiências passadas, como se ele fosse um raio de luz na escuridão do desconhecido. Uma vez preenchida a lacuna, somos capazes de captar uma "verdade completa", no entanto, trata-se de uma linha de informação que, em vez de se basear na verdade, apenas satisfaz uma necessidade interior de solução. Estamos dispostos inclusive a distorcer essa linha para que a vida se ajuste à situação que prevemos com base nas experiências anteriores.

Se as medidas que tomamos na vida forem baseadas nas informações percebidas por nós, o fato de não termos todas as informações pode nos impedir de continuar seguindo nossas trilhas. Para nos sentirmos seguros muitas vezes é preciso que tenhamos uma visão global e que tomemos as medidas certas, apesar de não termos condições de saber tudo. Neste cenário, existe uma necessidade de fazer suposições para reforçar nossa sensação de segurança. Quanto mais apegados a uma crença que nos dá essa sensação de segurança, mais ficamos apegados à "exatidão" dessa suposição.

Somos apenas um ponto de percepção e é impossível estarmos cientes de tudo. Portanto, uma ação vivida por muitos vai ter muitas histórias para explicá-la e justificá-la. Cada pessoa preenche a sua versão da história com o que presume ser verdade, com base em seus apegos. Estamos apegados à criação de uma história sobre cada ação a partir do nosso próprio ponto de vista, descrevendo-a, explicando-a e encaixando-a em nosso próprio sistema de crenças. Isso é o que fomos ensinados a fazer.

Digamos que me levanto de onde estou sentado, atravesso a sala e beijo sua mão. O beijo é de verdade. A informação que falta é: Por que fiz isso? O que representa esta ação? O que significa tudo isso?

As respostas para essas perguntas são subjetivas e estão baseadas no que já sabemos e em todas as possibilidades que estão disponíveis em nosso sistema de crenças. Somente eu sei ao certo por que beijei sua mão. Quando não temos todas as informações, muitas vezes a primeira história que contamos a nós mesmos é a mais próxima da verdade. Você pode dizer: "Miguel beijou a minha mão para provar alguma coisa." No entanto, à medida que contamos e recontamos nossa história sobre o ocorrido, acabamos lhe acrescentando elementos, muitas vezes apresentando possibilidades menos desejáveis, como no exemplo sobre minha namorada que não me liga. Alguém com a percepção distorcida pode acabar se convencendo de que beijei sua mão por pena, porque você está ficando velha.

Acreditar em uma suposição é uma escolha, no entanto, se eu não tiver consciência de que minha mente está preenchendo lacunas, então não se trata realmente de uma escolha. Estou à mercê das minhas suposições. Porém, quando tenho essa consciência, uma suposição me permite considerar uma possibilidade que só vai se tornar verdadeira no momento, e *somente* naquele momento, quando se dá a concretização. Se a suposição estiver incorreta, com a consciência, sou capaz de liberá-la, e assim novas possibilidades vão surgir. Visualizar nossos apegos pelo que realmente são nos permite compreender que uma suposição é meramente uma possibilidade.

Quando temos consciência de que nossas suposições não são necessariamente verdadeiras, mas apenas possibilidades, não é preciso muita disciplina para evitar que nossas ações sejam baseadas nelas. Já sabemos que uma suposição é uma história criada por nós que apresenta uma possibilidade, e que, no momento que a vida apresenta uma verdade diferente, nos desligamos dessa possibilidade, porque já não nos serve.

Exercício: Fazendo suposições para descobrir a origem de nossas crenças

Um exercício para você: vasculhe sua memória e encontre aquelas experiências a respeito das quais você fez suposições que depois se mostraram falsas. Por que fez essas suposições? Identifique as lacunas dessa experiência e pense nos motivos de ter escolhido preenchê-las da maneira que fez naquela época. Em quase todos os casos, as histórias criadas por você são baseadas em seus apegos a determinadas estruturas de crenças, e se a fonte desses apegos não for investigada, eles com certeza vão lhe causar sofrimento no futuro.

Por exemplo, na situação fictícia anterior, em que minha namorada me surpreendeu com um jantar, presumi que estava atrasada porque estava me traindo. Se essa suposição não for eliminada, a ferida da traição imaginada pode abalar negativamente meu equilíbrio emocional e reforçar minhas crenças equivocadas sobre relacionamentos como se fossem verdadeiras. Em outras palavras, uma ferida que foi criada por uma suposição terá um impacto duradouro como um apego, até o momento em que eu perceber que a minha suposição é uma ilusão.

Mas você não pode se dar por satisfeito apenas por reconhecer a suposição. O propósito desse exercício é que você tome consciência da origem de suas crenças, principalmente daquelas que têm um impacto negativo em sua vida. Quando construímos nossa estrutura de crenças nos baseando em suposições, e nos tornamos apegados a essa estrutura, passamos a viver na ignorância. A verdade, no entanto, é o caminho para a liberdade. É por isso que o fato de nos tornarmos conscientes dessas suposições e da fonte do apego a elas nos dá a oportunidade de realmente nos curarmos de uma ferida.

Buscar a verdade *versus* buscar ter razão

Quando você passa a ter consciência do quanto o apego distorce e corrompe o conhecimento, começa a enxergar como algumas pessoas facilmente confundem o ato de buscar a verdade com o de buscar ter razão. Não se trata da mesma coisa. Buscar ter razão tem a ver com a presunção: precisamos estar certos para que nos aceitemos, e esta é uma condição que atribuímos à nossa autoaceitação e à nossa aceitação pelos outros. A busca pela verdade, por outro lado, é o desejo de descobrir, estejam ou não nossas crenças nesse processo.

Decidir aceitar ou rejeitar nossas crenças

Minha avó, Madre Sarita, era uma curandeira. As pessoas que testemunharam suas ações criavam histórias fantásticas sobre elas, e atribuíam habilidades mágicas à capacidade da minha avó de ajudar os outros a se recuperarem. Essas pessoas se autodenominavam crentes. Toda vez que ela curava alguém, um observador analisava e descrevia suas ações, fazendo com que tudo parecesse fenomenal e sobrenatural. Minha avó sempre dizia: "Deus curou esta pessoa, não eu." No entanto, as pessoas faziam sua própria versão e espalhavam sua crença aos outros. Como essas histórias fantásticas eram sobre a minha avó, eu realmente queria acreditar nelas. Testemunhei muitos dos acontecimentos, e vi muitas pessoas de fato se recuperarem de seus males. No entanto, comecei a observar que a percepção das outras pessoas em relação ao que acontecia não necessariamente era compatível com a minha. Enquanto eu sentia a experiência, as outras pessoas tentavam explicá-la chamando-a de mágica. A verdade estava em algum lugar nas entrelinhas, mas todos os superlativos a mantinham oculta. Isso a tornou mística e alimentou o fanatismo naquelas pessoas que estavam bastante apegadas àquela crença. Então, desde cedo tive que aprender a decifrar o que era verdade e o que era apenas uma história fictícia. Aprendi a confiar em minha percepção e também a questioná-la.

Se eu tentasse dizer às pessoas que insistiam em achar que Madre Sarita realizava magia que elas tinham uma percepção errada, elas nunca acreditariam em mim. Afinal, tratava-se de algo que tinham visto com os próprios olhos e de que tinham se beneficiado: *magia*. Os crentes rejeitavam qualquer pessoa que discordasse deles, dizendo que ela não era capaz de compreender. Então aprendi a deixar isso para lá. Quando tive consciência do meu apego à necessidade de estar certo, a minha necessidade de convencê-los a ver isso do meu ponto de vista refletiu de volta para mim.

Mais tarde, achei que eu poderia considerar verdadeiras as coisas que aprendia na escola. Afinal de contas, o que eu estava aprendendo fora tirado do senso comum e da história. Então, um dia meu pai me disse para não acreditar em tudo que eu estava aprendendo na escola. As pessoas haviam interpretado as histórias fictícias e as ideias que eu aprendia na escola de uma forma muito parecida com que as ações de Madre Sarita eram interpretadas. Essa notícia realmente me surpreendeu, mas passei a entender que era preciso procurar pela verdade em *todos* os casos.

No México, onde passei grande parte da minha infância, as escolas ensinam uma história sobre seis cadetes heroicos que se defenderam na guerra contra os Estados Unidos. Na batalha de Chapultepec, o Exército dos Estados Unidos entrou na Cidade do México vindo do oeste e tentou tomar o castelo. Sobraram seis cadetes, que defenderam o palácio e a cidade, mas que foram caindo um por um. Juan Escutia, o último dos *Niños Héroes*, se recusou a ser capturado pelo inimigo. Envolveu-se em uma bandeira mexicana e se jogou do palácio.

Quando vamos ao castelo de Chapultepec e observamos a área onde ele supostamente caiu e depois a pedra que marca o ponto de onde ele supostamente se jogou, parece impossível que ele tenha conseguido fazer isso. Historiadores modernos refutam esse mito patriótico, e alguns dizem que os cadetes nunca sequer existiram, apesar das evidências genealógicas. Sendo ficção ou não, o fato é que isso é ensinado nos livros didáticos de história. O México não é o único país ou cultura em que os livros didáticos contêm histórias fictícias em vez de fatos.

Quando criança, eu acreditava na história dos *Niños Héroes*, porque eu não tinha conhecimento suficiente. Agora tenho a opção de acreditar ou não. Sei que naquelas palavras há um sentimento de patriotismo. Isso é verdade, mesmo que ela seja falsa.

Opto por acreditar que sou tolteca, descendente dos Cavaleiros da Águia, porque escolho acreditar nas palavras do meu tataravô Don Exiquio, que morreu aos 116 anos. Ele já era idoso quando minha avó nasceu, em 1910. A palavra dele permanece. Essa crença é um ato de fé. Minha família pode transmitir os ensinamentos dos Cavaleiros da Águia, mas será que somos mesmo descendentes deles, como dizem nossas tradições orais? O fato de saber que nossa história está baseada na palavra falada de forma alguma nega isso. Também tenho que ser honesto em relação à compreensão de que as histórias que contamos agora carregam gerações de distorções e adaptações. Ainda assim, as lições permanecem as mesmas, e é por isso que *escolho* acreditar nelas. Essa é a minha *preferência*.

As histórias que contamos a respeito de nós mesmos para fazer com que nos sintamos confortáveis e seguros são simplesmente histórias. Podemos optar por acreditar porque queremos, tendo em mente que as histórias não descrevem a verdade de quem realmente somos. E devemos ter cuidado, pois o próprio ato de querer acreditar nessas histórias nos impede de enxergar a verdade. Acreditar nas histórias sem questionar ou analisar, em última análise leva à desilusão, uma vez que nos tornamos apegados à identidade que criamos para nós mesmos por meio da história contada. Lembre-se, uma história pode falar de um momento, uma experiência, uma lição de vida. No entanto, não importa o quanto ela seja um reflexo puro da verdade, ainda assim se trata de uma história que podemos escolher acreditar ou não.

As coisas no nosso mundo estão além da razão e da lógica. Mas acreditar, seja no místico, seja no científico, sem ceticismo, é deixar o conhecimento assumir o controle. A fantasia então se torna mais real do que a própria vida, a ponto de chegarmos a passar tanto tempo procurando o que é espetacular que não percebemos que é possível encontrar prazer nas coisas do dia a dia que estão ao nosso redor.

Quando baseamos nossa identidade e ego no que acreditamos, não importa se no reino terrestre ou no sobrenatural, achamos difícil ser cético. E, quando questionamos tudo no que acreditamos, a base sobre a qual construímos nossa identidade vai se revelar instável. Mas lembre-se, ter autoconfiança é ser capaz e estar disposto a questionar suas próprias crenças.

Muitas pessoas acreditam que ter autoconfiança significa defender inteiramente suas crenças. Se deixar de ouvir tudo que acontece no mundo e apenas confiar no que acha que sabe e no que acredita, significa que você se apegou a uma ideia que lhe cega. Isso não é ter confiança, é teimosia. Estamos condicionados a nos comportar de tal forma que, sempre que nos deparamos com uma verdade que contradiga algo em que acreditamos, estamos sempre prontos para rejeitá-la ou criar uma história que proteja a nossa crença, e ainda teça uma teia de distorções. Ao fazer isso, continuamos distorcendo ainda mais nossa fé, e formamos novas crenças para manter nossa autoconfiança.

A lição aqui é afastar nossa confiança das nossas crenças e aproximá-la de nós mesmos, uma vez que somos os seres vivos que dão vida às crenças. Em outras palavras, em vez de ter confiança *naquilo que* sabemos, temos que ter confiança *em quem somos*. Em vez de defender ou debater uma crença com todas as nossas forças, olhamos e ouvimos o que está acontecendo à nossa volta. O fato de nos questionarmos e estarmos abertos para mudar nossas mentes sobre algo não quer dizer que temos de questionar a nossa essência. Com a autoconfiança, podemos simplesmente questionar nossas crenças e as histórias que criamos para descrever nosso ser.

Pergunte a si mesmo:
- Onde aprendi essa crença?
- O quanto ela está me afetando?
- Será que estou usando bem essa crença?
- Será que ainda preciso dela?

Essas perguntas podem ajudá-lo a identificar as coisas que inibem o seu potencial pleno. Considere um assunto, ação ou relacionamento específico. Suas crenças passadas relativas ao tópico ainda são verdadeiras no presente? Muitas vezes tememos que mudar nosso ponto de vista signifique admitir que algo a nosso respeito esteja errado. Pensar que estivemos errados pode nos levar à culpa, pois as medidas que tomamos e as coisas que dissemos foram baseadas naquela crença. Se decidirmos que uma crença não faz mais sentido para nós, isso pode nos levar a questionar todas as ações que foram baseadas nesta crença. Não tem que ser dessa maneira. Pelo contrário, podemos optar por ter consciência de que o que funciona num dia pode não funcionar no outro. As coisas mudam, e não precisamos voltar atrás a toda e qualquer ação. Nossa virtude não foi perdida. Lembre-se de prosseguir com o amor-próprio e a autoaceitação o tempo todo, pois este é o único caminho para uma mudança real e duradoura. No próximo capítulo, vamos continuar analisando como o desconhecimento de nossos apegos pode causar sofrimento em nossas vidas, especialmente quando lidamos com os outros.

13

Reconhecendo o papel dos apegos em conflito

A maioria de nós tem uma versão do mundo ideal. Eu *devo*. Você *precisa*. Eles *deveriam*. *Precisa ser assim*. Quando ouvimos essas palavras, estamos ouvindo nossos narradores expressarem um acordo que está em um nível mais alto de apego. Os narradores estão nos lembrando de como as coisas estão prestes a progredir, nos limites de nossa compreensão, para que o mundo seja do modo que queremos ou esperamos que seja. Essas são as regras de vida que criamos para nós mesmos, e se deixarmos de segui-las, é porque julgamos a nós mesmos (e aos outros) com severidade. Temos que entender isso "direito", e nossas crenças nos ditam o que isso significa. Dependendo do nosso nível de apego a uma determinada crença, não podemos hesitar, por pouco que seja, e permanecer com a mente tão fechada que não conseguimos nem mesmo pensar em alternativas.

Sempre que ouvimos alguém dizer que o mundo deveria ser desta ou daquela maneira, por mais bonita que a ideia possa parecer, precisamos ter em mente que ela pode ser facilmente corrompida, pois para que o mundo esteja nesse estado ideal, o idealista *precisa* impor suas crenças aos outros e subjugar aqueles que se recusam a se adaptar à sua imagem "perfeita" do mundo.

Às vezes pensamos que a única maneira de tornar alguém uma pessoa melhor e, por extensão, tornar o mundo um lugar melhor, é convencê-la de que deve ver as coisas do nosso modo. Mas existem muitas pessoas ao nosso redor que não se comportam da maneira como achamos que deveriam, e perdemos energia tentando convencê-las a ser algo que não são, em vez de permitir que sejam quem são.

Quando pensamos que sabemos mais do que alguma outra pessoa, estamos nos preparando para um choque de crenças. Isso é o que corrompe uma bela ideia. A ideia pode ser qualquer coisa: comida orgânica, direitos civis, tolerância, direitos dos animais, paz mundial ou qualquer outra com ares de nobreza que você possa pensar. Um apego fanático a qualquer uma delas criará mais dano do que benefício. Depois que o apego à crença supera a importância da mensagem, ela corrompe a ideia e, consequentemente, perde-se o respeito e a liberdade fica comprometida. E, sem o respeito pela liberdade de escolha, não é possível haver paz.

Quando nos tornamos apegados demais a essas crenças "nobres", usamos a culpa ou colocamos condições sobre os outros para incentivá-los a se adaptarem aos nossos padrões. Sabemos que estamos fazendo isso quando ouvimos nós mesmos dizendo coisas como: "Você não tem vergonha do que está fazendo?" ou "Como pode ser tão insensível?" Para fazer os outros se dobrarem à nossa vontade, procuramos qualquer coisa que atinja sua estrutura emocional, e quando não conseguimos encontrar nenhum ponto sensível podemos ficar ainda mais irritados e intransigentes.

Se sentimos que um ente querido adota maus hábitos que estão lhe prejudicando, podemos achar que ao lhe incutir medo promoveremos uma mudança duradoura: "Você deve procurar ajuda! Você tem que me deixar ajudá-lo! Você não deveria fazer isso consigo mesmo!" Infelizmente, esse tipo de abordagem simplesmente causa mais sofrimento. Aquele que é coagido a fazer mudanças não faz mudança alguma.

Somos todos livres para escolher nossas crenças e criar nossos apegos a partir de nosso próprio ponto de vista. Não existe um grande plano que todos devemos seguir sob pena de morte! Há oito bilhões de pessoas que vivem no mundo, portanto, há oito bilhões de pontos de vista diferentes. Se cada um de nós insistisse que apenas o nosso ponto de vista é válido, então também teríamos oito bilhões de confrontos no mundo. Enquanto nos envolvermos na luta do "eu estou certo e você está errado", sempre haverá conflito. É nosso apego à necessidade de estarmos certos, ou seja, o apego à nossa presunção, que nos impede de experimentar a liberdade tanto no nosso Sonho Pessoal quanto no Sonho do Planeta.

A liberdade de escolha não significa estar certo ou errado, e sim abrir canais de comunicação e respeitar uns aos outros como seres humanos, para criar uma comunidade em que uns possam compartilhar com os outros. Quando nos tornamos apegados demais a um ideal, a primeira coisa que perdemos é o respeito, primeiro pelas pessoas à nossa volta e, por fim, por nós mesmos. Embora os nossos pontos de vista possam ser diferentes, todos nós viemos da mesma fonte. A única coisa que nos separa é o apego ao nosso próprio ponto de vista e o apego à crença de que os outros devem compartilhá-lo. É aqui que começamos a colocar as condições do nosso amor um pelo outro, e esta é a fonte do conflito.

Defendendo nossos ideais

Uma vez ciente de suas crenças, você será capaz de questionar seus ideais e pontos de vista. Tendo consciência, esse questionamento não vai mais abalar seu alicerce. Você não vai mais ter que defender seus pontos de vista ou impor os mesmos aos outros.

Se duas pessoas com crenças muito diferentes discutem, a argumentação pode nunca terminar. Na tentativa de convencerem uma a outra a mudar, a se adaptar à versão da outra em relação ao que ela acredita que seja verdade, elas criam um véu entre elas. A incapacidade delas de ouvir resulta em falta de respeito.

Embora possa parecer que um lado está à frente por um tempo e, depois o outro, enquanto cada lado estiver apegado às suas crenças, a batalha nunca termina. Somente quando uma pessoa é capaz de voltar atrás e ouvir à outra sem julgar é que existe a possibilidade de ocorrer mudança. Se sempre questionarmos nossas próprias crenças, abrimos possibilidades infinitas e evitamos ficar presos em uma mente fechada que só quer estar certa

Não precisamos nos defender ou defender nossas crenças das opiniões e crenças de outras pessoas. Nossa única necessidade é de respeito próprio. Quando temos respeito por nós mesmos, não levamos para o lado pessoal, o que as outras pessoas dizem ou fazem. Se cedermos à tentação de fazer das ações de outra pessoa uma afronta pessoal, perdemos aquele respeito por nós mesmos ao dizermos sim ao compromisso dela. Uma vez feito isso, o apego à essa crença torna necessário mudarmos a nossa motivação de uma defesa para uma ofensiva. Com uma simples mudança, podemos passar do papel de vítima para o de agressor, que tem um conjunto completamente novo de consequências. Ao não levar as coisas para o lado pessoal, não cedemos à nossa vaidade e podemos, portanto, tomar decisões com base no respeito mútuo que vai solucionar os problemas em vez de torná-los piores.

Recentemente, um técnico foi à minha casa fazer uma instalação. Como faço com qualquer um que vai à minha casa, sentei e conversei com ele, fiz perguntas e acompanhei o trabalho dele. Ele me perguntou o que eu fazia e então lhe expliquei um pouco sobre o que faço. Ele ficou agitado e disse que existe apenas uma verdade, apenas um caminho, e que todos os outros só querem saber de tirar dinheiro das pessoas.

Falou sobre seu pastor e dos ensinamentos de sua igreja e reiterou que existe apenas um caminho. Não discuti com ele, apenas ouvi o que dizia. Segundo minha avó, isso é aprendizagem. Quando estava para ir embora, ele me disse: "Quando eu morrer, só tenho que responder a uma pessoa. Se eu estiver errado, bem, então vou descobrir."

Continuou a me dizer que a razão de sua crença não era o amor ou a fé, mas a vontade de ir para o céu. Esse era seu principal propósito. Pelo menos foi o que ele me disse. Ele disse: "Miguel, você pode dizer o que quiser para todas aquelas pessoas, mas lembre-se de que há apenas um caminho, uma verdade."

Realmente aprendi algo ouvindo o que ele tinha a dizer. Aquele técnico compartilhou suas crenças, mas não foi isso que aprendi. O que aprendi foi que ele acreditava de forma sincera no que estava me dizendo. E quem sou eu para dizer o contrário? Se eu tivesse a necessidade de argumentar, isso teria como base o meu próprio apego à minha identidade e às minhas crenças e, consequentemente, um conflito sobre quem tinha a crença mais importante teria se instaurado entre nós.

Esse técnico me mostrou que, se eu tivesse que escolher discutir com ele, eu estaria formando o meu próprio apego ao conhecimento, que nada tinha a ver com ele. Isso me deu a liberdade de escolha. Fui capaz de olhar para as minhas crenças e escolher tanto ouvir a ele como a mim mesmo. A forma como ele leva a vida não tem influência alguma no modo como levo a minha. Embora eu possa ver que seus apegos e seu conhecimento o controlam, sei que não é da minha conta levantar objeções.

Em vez de entrar numa discussão cega e surda sobre uma questão alimentada por nossa vaidade, podemos pelo menos estar dispostos a admitir que talvez estejamos errados ou que a situação possa ser vista de uma perspectiva totalmente diferente, como no caso do técnico. Quando optamos por compartilhar nossa verdade com os outros a partir desse parâmetro, podemos começar a construir o respeito mútuo. Quando olhamos para nossas crenças e pontos de vista com a mente aberta, torna-se evidente para nós o quanto estamos apegados às nossas próprias crenças.

Estar ciente dos apegos nos permite recuperar o poder sobre nossa liberdade para escolher se queremos continuar a mantê-los ou não. A escolha é crucial. Às vezes, escolhemos torcer pelo time de casa ou discutir sobre religião ou política com a família. Às vezes, escolhemos devotar uma parte da vida a uma causa ou a um movimento, outras vezes não. O fato de ter consciência, no entanto, vai nos permitir saber se nossa presunção está começando a corromper a essência de qualquer atividade que escolhemos nos envolver. Se nos vemos a defender com veemência a nossa posição ou causa, isso significa que o apego lotou nossa consciência.

Ouvir o que os outros dizem sem permitir que suas palavras tenham poder sobre nós nos torna conscientes de nossa própria verdade, permite-nos ver o que é real para nós e o que é só uma ilusão, uma mentira alimentada por nossa presunção. O dom de ouvir vai expor quaisquer ilusões relacionadas à presunção. Se estivermos conscientes, a nossa verdade não precisa ser defendida com os mecanismos infladores de ego de uma argumentação. Pouquíssima energia é exigida da nossa parte para simplesmente declarar a nossa verdade, se optarmos por declará-la. Quando a verdade é simples, você sabe que o seu alicerce é sólido. É claro que pode chegar o momento de defender essa verdade. Se esse momento chegar, você pode ficar confiante de que está em terra firme e com a total consciência do poder da sua própria vontade.

Chega um momento na vida em que cansamos de ter de estar certos, especialmente quando percebemos como essa necessidade de inflar o ego afeta nossas relações com as pessoas que querem apenas ser nossos amigos, com as belas almas que querem apenas nos amar. Nossos apegos não nos deixam ver mais além do que nosso próprio umbigo.

Todos temos um catalisador, um chamado para a ação, que nos mobiliza a fazer mudanças na vida. Esse catalisador quase sempre vem do mundo exterior, mas à medida que nos tornamos conscientes da forma como nosso filtro de conhecimento é construído, percebemos que uma mudança duradoura só pode vir de dentro. Nossas mudanças afetam o modo como interagimos com as pessoas em nossa vida e impactam o sonho comunitário, ou seja, o Sonho do Planeta.

Fui eu que disse sim e não, fui eu que fiz todos os meus acordos, e sou o único capaz de mudá-los. Quando vejo como meus apegos estão afetando meu relacionamento comigo mesmo e com o Sonho do Planeta, percebo que sou o único que pode mudá-los. Este é o despertar da nossa intenção na forma do nosso livre-arbítrio.

Como você está quase embarcando no último capítulo, quero deixá-lo com a ideia de que é realmente possível envolver-se em nossa existência humana ao ver além de nossos apegos e desfrutar plenamente da vida. Meu objetivo é que o capítulo final lhe forneça as ferramentas para ajudá-lo a exercer seu livre-arbítrio.

Esse é o poder que você tem, o que eu celebro ao máximo. Apenas compartilho minhas palavras, sem ter qualquer poder sobre quem as recebe. Ao receber essas palavras, você é a pessoa que deve dizer "sim, eu concordo" ou "não, eu não concordo". Isso é liberdade de escolha.

14
Honrando nossas emoções

Quando falamos sobre isso em teoria, não parece tão difícil diminuir ou eliminar nosso nível de apego a algo, certo? Se nos encontramos em uma situação nada saudável, nos afastamos. Se não conseguimos alcançar um objetivo, tentamos novamente. Se queremos fazer uma mudança, avançamos com a nossa transformação. Não há necessidade de complicar nada. Basta manter a simplicidade, indo de uma interação à outra sem ficar muito apegado a qualquer resultado.

Mas na vida isso quase nunca acontece dessa forma. Isso ocorre porque somos humanos, não robôs sem coração. As nossas emoções vêm à tona e, no início, sentimos dor quando tentamos reduzir nossa dependência de coisas exteriores a nós mesmos, aquelas coisas às quais estamos muito apegados. Portanto, a questão é: como lidar com as emoções que surgem no caminho?

É importante ter em mente que nossas emoções são reais e não devem ser ignoradas como se não existissem ou descartadas como se não tivessem valor. As emoções criam a mais autêntica âncora que temos. Todo o espectro de emoções — ou seja, o medo, o amor, o ciúme, a insegurança, a raiva, a alegria — é muito real. Mas o problema é que o desencadeador dessas emoções pode *não* ser real. A esta altura, você provavelmente já é capaz de compreender como isso pode ser verdade.

As emoções nos ajudam a nos comunicar. Sem a capacidade de expressar o que estamos sentindo e de reconhecer como os outros se sentem, estaríamos em desvantagem. Vejamos o exemplo do meu filho, Alejandro, que foi diagnosticado com autismo altamente funcional. Estamos ensinando a ele como expressar suas emoções, para que possamos saber o que ele está sentindo e para que ele possa interpretar o que os outros estão sentindo. Uma das ferramentas que usamos é um urso de pelúcia, presente de sua tia, que mostra as diferentes emoções. Também estamos lhe ensinando as palavras que acompanham cada emoção. Este é o uso mais básico do conhecimento, e é necessário que cada um de nós aprenda isso ao longo da vida, o mais cedo possível, para que possa expressar sua autoimagem e transmitir seus desejos dentro do Sonho do Planeta. Alguns de nós, como minha filha Audrey, são realmente bons em compartilhar o que experimentam emocionalmente. Outros não são tão bons ainda, como Alejandro. Ainda assim, a emoção está presente com ou sem um rótulo, com ou sem expressão facial. A emoção é verdadeira.

Mais uma vez, o que estamos vivenciando é real, mas o que desencadeou o sentimento poderia ter como base uma ilusão ou uma distorção. Eis um exemplo: estou segurando meu filho recém-nascido, Alejandro, em meus braços, e estou imbuído de felicidade. Não penso em nada, estou apenas deixando que o momento me absorva. A emoção é real, o momento é real. Não criei uma história na minha mente. Então, digamos que, enquanto estou segurando ele, um pensamento surja em minha cabeça: e se eu perdê-lo? De repente, essa ilusão, essa insegurança, esse medo foram introduzidos em mim. Essa pequena semente de medo se instala e, como estou completamente exposto à emoção, sinto que o medo de perder meu filho me envolve. Vou de um momento de completa felicidade até um momento de puro terror. O gatilho foi uma ilusão, mas mesmo assim senti as emoções.

As nossas emoções, independentemente dos gatilhos, são expressão de nós mesmos. Estas são as perguntas importantes a serem feitas: será que estamos cientes dos gatilhos? Sabemos se o gatilho está baseado na realidade ou em informações equivocadas? O gatilho está baseado em um apego a uma determinada crença ou expectativa?

Sempre que estou chateado, sei que algo que considero verdade foi colocado à prova. Olho para esse compromisso, por dentro e por fora, e pergunto a mim mesmo: trata-se de um compromisso baseado na verdade ou na ilusão? Se me vejo muito apegado a esse compromisso, pode ser que eu acabe usando muito da minha energia para mantê-lo vivo. Se eu tiver que lutar com unhas e dentes para dar algo à vida, não pode ser nada muito sólido, pode? Se eu me tornar cético, é porque estou dando a mim mesmo uma opção para mais uma vez acreditar ou não nesse compromisso.

Emoções desconfortáveis são como alarmes de carros: nos avisam de que há um problema a ser observado, uma ferida a ser tratada, permitindo assim que possamos ver nossa própria verdade. Sempre que uma emoção é desencadeada é um momento oportuno para fazer perguntas como: "Do que se trata?", "Qual é o compromisso que está no centro da questão?", "Qual apego está ameaçado por ele?", "Será que realmente acredito nisso?", "É importante?" Responder a essas perguntas nos dá a oportunidade de examinar nossas crenças e de optar por continuar a acreditar ou não.

Honramos nossas emoções ao percebermos que elas são uma expressão de como nos sentimos e do que estamos passando. Olhamos para o que desencadeou as emoções, enquanto ainda nos permitimos simplesmente sentir. Também honramos nossas emoções ao termos a consciência de que elas podem ter sido desencadeadas por algo não baseado na verdade. Portanto, usamos as emoções como uma ferramenta de transformação, uma vez que elas expõem completamente qualquer compromisso que tenha estado escondido sob a superfície. Sou grato às minhas emoções por me dizerem a minha verdade, pois é só pela exposição possibilitada por elas que recuperamos o poder de escolher entre continuar a concordar ou abandonar.

Dissipando a névoa do meu reflexo

Quando me olho no espelho, me vejo da seguinte forma:

Eu sou...
- Miguel
- um tolteca

- um *nagual*
- um mexicano-estadunidense
- um estadunidense
- um *mestizo*
- um marido
- um pai
- um escritor

e assim por diante...

Quando me vejo pelas regras dos meus apegos, essa é a lista de autodefinições que eu poderia usar como modelos condicionais para a autoaceitação. Onde existem condições para o amor-próprio, a minha percepção está sendo controlada pela Interiorização ou pelo Fanatismo. No entanto, sem os apegos, todo e qualquer desses rótulos é apenas uma definição para a qual posso escolher dizer "sim" ou "não" como parte da minha identidade. Posso simplesmente escolher uma dessas identificações como a preferência por meio da qual quero me inserir na vida no momento.

Minha consciência me dá a oportunidade de ver o reflexo de como eu sou neste momento. O espelho está refletindo a minha verdade: um corpo físico que é um símbolo vazio, muito parecido com as palavras da lista acima, cuja definição de si é dependente dos meus compromissos. Mesmo sem definições, ainda está refletindo um ser vivo com todo o potencial para ir em qualquer direção. Independente do nome que damos a ele, até mesmo um nome como "Eu Autêntico", ele simplesmente reflete a vida. Ao olhar no espelho nítido, sem os filtros do meu sistema de crenças (o espelho enevoado), percebo a vida como o "eu sou".

O espelho nítido é a consciência que reflete o pleno potencial de vida. O modo como defino a mim mesmo e as coisas para que digo "sim" ou "não" (a execução da minha intenção) são da minha escolha. Se eu decidir, posso chamar essa consciência de Eu Autêntico, que é a representação da vida na forma deste corpo. Seja qual for minha escolha, eu me vejo exatamente como sou.

Imagine olhar no espelho e se ver exatamente do jeito que você é neste exato momento, sem autocrítica. Talvez se torne consciente de que há algo sobre você que está interferindo na sua saúde física ou emocional. Essa é a verdade do seu corpo agora. Quando olha em um espelho nítido, você não faz uma autocrítica com base nessa verdade, nem precisa se identificar como alguém que não está saudável de alguma forma. Você simplesmente olha para si mesmo como quem você é neste exato momento.

Agora, em se tratando de amor-próprio, você pode optar por tomar uma medida com base na sua percepção, que neste caso é ver a verdade da condição de sua saúde. Essa medida não é uma condição que você se estipula para obter o amor-próprio, pois você ama a si mesmo por quem é neste momento. O fato de você fazer ou não uma mudança não tem nenhuma relação com esse amor. Não se trata de complacência, uma vez que você está efetivamente fazendo uma escolha, e essa escolha é a ação de sua intenção, de seu potencial pleno.

Existem 360 graus de possibilidades ao seu redor. Este ponto, este agora, é o seu potencial. Avançar em qualquer direção é fazer uma escolha, ou seja, você diz "sim" para algo e "não" para todo o resto. Isso é verdade, independente de você estar ciente das possibilidades infinitas presentes em cada momento. Como foi dito ao longo destas páginas, quanto mais apegado a algo você estiver, mais obscurecida e estreita estará sua visão, às vezes até a ponto de achar que existe apenas uma forma de agir. O apego a uma crença interrompe sua capacidade de ver além de uma possibilidade. Portanto, quando faz escolhas para abandonar os apegos que não funcionam mais para você, suas opções parecem crescer e se expandir. Mas o que você está realmente fazendo é aumentar a perspectiva, uma vez que todas as possibilidades estão lá o tempo todo.

Reivindicando nosso poder e conquistando nossa liberdade

Como mencionei na Introdução, minha avó foi minha primeira professora nos caminhos da nossa tradição, e foi com ela que aprendi a aquietar minha mente e a confiar em meu coração, o que permitiu que a inspiração fluísse através de mim. Minha avó também me ensinou o poder da fé, especialmente em Deus, a quem ela creditava suas habilidades como curandeira. Em seus últimos anos, ela começou a acordar às três horas da manhã para rezar e meditar com seu rosário e sua vela. Em seguida, dava início aos procedimentos de cura, ao trabalho e às consultas com os necessitados ao longo do dia.

Quando terminei a faculdade, meu pai tornou-se professor de nossas tradições. Valendo-me da orientação dele, enfrentei todos os apegos que eu tinha criado ao longo da vida, abandonando-os até que todas as minhas feridas estivessem dolorosamente expostas. Assim, fui capaz de me curar da dor que eu mesmo criei.

Não é fácil abandonar os apegos, principalmente quando as coisas que acreditamos sobre nós mesmos (mesmo aquelas que nos causam dor) proporcionam uma zona de conforto familiar. Quando colocamos a nossa presunção no conhecimento e este é removido, o choque é muito duro. Afinal, através do processo continuado e autêntico de liberação de nossos apegos, descobrimos que ser quem somos não requer justificativa para nos aceitarmos. Essa percepção é muito poderosa, pois é como largar o corrimão quando se tem certeza de que está livre de qualquer perigo de queda.

Na época, meu pai estava passando um tempo na cidade de Oceanside, em San Diego, na Califórnia, e minha avó estava lá para uma visita. Sempre à procura de oportunidades para dar uma lição, meu pai identificou uma naquele momento. "Miguel", disse ele para mim. "Sua avó está com medo da morte. Ajude-a a livrar-se desse medo." Olhei para o meu pai com espanto. Minha avó voltou-se para mim e ergueu as sobrancelhas como que para dizer: *Ah, é mesmo?* Engoli em seco. Eu não queria fazer aquilo. "Miguel, ajude sua avó. Diga a ela por que não tem problema deixar o medo de lado." Eu me levantei imediatamente e, conforme minha avó havia me ensinado há muitos anos, limpei minha mente para que eu pudesse agir e falar sem apego aos meus pensamentos. Minha tarefa era ajudá-la a abandonar o apego final: nível um, o Eu Autêntico. Guiei sua cadeira de rodas até o espelho grande do corredor. "Vovó, olhe para si mesma no espelho. Você é bonita. Você é maravilhosa. Você é a pessoa mais apaixonada, mais inteligente e mais resistente que já conheci. Imagine tudo o que você presume ser verdadeiro, como sua família, seus filhos, sua Bíblia, seu rosário, seu incenso, suas velas. Você tem fé em todas essas coisas, e essa mesma fé lhe permite realizar milagres para os outros. Você pode ter dito que foi Deus quem curou as pessoas, e apesar disso ainda ser verdade, também é verdade que sua fé lhe permitiu realizar isso. A sua fé é tão forte que tudo em que você acredita ganha vida cada vez que você respira. É o seu apego a esta forma física, para a qual você dá vida, que a impede de querer abandoná-la.

"Olhe nesse espelho, vovó, e imagine todas essas coisas que você tanto preza ao seu redor. Sua fé é tão forte que você coloca a Sarita em cada uma delas. Da mesma forma que você dá vida aos seus pensamentos, às suas crenças e aos seus ideais, essas coisas estão vivas por sua causa. Já é hora de pegar de volta essa sua energia que se encontra nessas coisas e livrar-se de seus apegos a elas. Abandone o medo do que você é sem elas e do que elas são sem você. Quando recuperar o seu poder que se encontra nessas coisas, você não vai mais se identificar por elas. Depois, haverá apenas você... você e sua imagem de Sarita, seu corpo. Quando estiver pronta para abandonar esse apego final, você vai morrer em paz."

Madre Sarita me beijou e, em seguida, assentiu com a cabeça. Faleceu cerca de um mês e meio depois. Viveu até os 98 anos, e estava sempre ajudando os outros. Meu amor e gratidão a ela vão sempre estar comigo.

Embora não estejamos falando da morte literal aqui, uma vez que o que está em discussão é a possibilidade de deixar de lado nossos apegos, estamos falando sobre a morte em potencial do modo como identificamos a nós mesmos, ou seja, as coisas que amamos, o conhecimento que temos, as ideias que criamos. Tudo o que prezamos está vivo dentro de nós por causa da energia que lhe damos por meio de nossos apegos.

Para nós é mais fácil atribuir um poder a algo externo do que ver que *nós somos* o poder que dá vida a coisas do nosso mundo. Somos os únicos responsáveis por nós mesmos e pela nossa realidade. Somos os criadores do nosso sonho. É por isso que a nossa autocrítica é tão forte e viva, com uma força que pode nos deter e nos enraizar no passado. E nós demos aos nossos narradores este poder! Felizmente, não temos que morrer para reivindicá-lo. Independente dos apegos que nos sobrecarregam, cada um de nós tem a liberdade de viver a vida ao máximo a qualquer momento. O campo de possibilidades aguarda o nosso próximo passo, e podemos dar esse passo confiantes em nossa capacidade de fazê-lo. Quando temos consciência e vemos a verdade do potencial infinito, esta é a liberdade final.

Conclusão

Passei por muitas experiências na vida desde que me iniciei como aprendiz nas tradições da minha família. Senti os altos e baixos da vida, desde confrontos até harmonia, desde a raiva e o medo até a felicidade e o amor. Aprendi que a chave para todas as formas de transformação é a conscientização. O ponto de partida para qualquer forma de transformação está situado na nossa disposição em aceitar a nossa verdade, naquele momento de conscientização, momento este que nos acompanha ao longo do nosso caminho de transformação.

Desenvolvi um apego a um resultado quando comecei meu trabalho, mas continuei em um processo que vai além desse apego. Vi que existia um apego para tudo que eu já percebia, mas apenas porque eu estava com medo do desconhecido. Nós nos sentimos mais à vontade com nossa rede de segurança, é óbvio, mas quando comecei a me deslocar para fora dessa zona de segurança, os níveis de apego começaram a tomar forma e minha compreensão do ensinamento da minha avó refletiu-se em minha vida.

Todos nós queremos fazer parte de um grupo ou de uma comunidade, encontrar aquele lugar onde podemos nos sentir únicos. Como estamos sempre à procura dessa comunhão, no final, todo esse trabalho diz respeito à capacidade de ter uma relação harmoniosa com os meus irmãos, minhas irmãs e comigo mesmo. No início, achei que se tratava de uma missão coberta de histórias incríveis sobre metafísica, para descobrir os segredos ocultos da vida. Mas essa prática é realmente sobre a vida em si. Sempre se tratou da criação de um canal de comunicação de fácil acesso com as pessoas que amo, a começar por mim.

A compreensão dos Cinco Níveis de Apego é o início do restabelecimento de uma relação incondicional com nós mesmos. Começo reconhecendo que a minha vida vale algo e que o meu corpo e a minha mente são as ferramentas com as quais posso me expressar, em relação ao amor, ao intelecto e à consciência. O conhecimento se transforma na sabedoria quando as informações que descrevem o mundo são um reflexo nítido da verdade que flui e evolui conosco à medida que avançamos na vida. O amor começa comigo.

Não vivemos em um monastério ou em um ashram onde ficamos rodeados por pessoas que estão trabalhando com a mesma finalidade, e umas permitem às outras que fiquem em silêncio e trabalhem em seu processo. Em vez disso, vivemos no Sonho do Planeta, onde estamos continuamente interagindo com pessoas que se encontram em vários níveis de apego. Como interagimos com os outros e queremos que a harmonia reine nessas relações, ela precisa começar com cada um de nós. Após nos tornarmos conscientes de nós mesmos e nos aceitarmos, somos capazes de dar aos outros o que esperamos receber em troca.

A disciplina de permanecermos nessa conscientização enquanto somos capazes de nos relacionar com os outros é chamada de "loucura controlada". Esse domínio não pode ter início sem que primeiro nos tornemos conscientes de nossa própria verdade, e os Cinco Níveis de Apego são um instrumento que nos permite ver nossa verdade no presente com mais clareza. Quando começamos a reconstruir nosso Sonho Pessoal com uma maior conscientização do nosso grande trabalho pessoal de arte (que está sempre em progresso), passamos a ter a capacidade de escolha para criar a mais perfeita harmonia, se esse for o nosso desejo.

No fim das contas, o importante é ver o conhecimento como os blocos de construção para criarmos um sonho em parceria com outra pessoa, enquanto mantemos consciência de nós mesmos. Gosto de interagir com o Sonho do Planeta. Gosto de usar o conhecimento para comunicar o meu sonho com você. Gosto de me divertir com o mundo que me cerca com respeito e amor. Sou parte desta criação. Podemos todos nos tornar conscientes de que é o amor que nos une uns aos outros. Podemos amar uns aos outros com condições ou com respeito. A diferença é a harmonia, uma forma de céu na terra. Quando temos respeito pelo livre-arbítrio um do outro, então temos paz.

Para mim, o lar não é mais um lugar físico, o lar sou eu. Está em todo lugar aonde vão meu coração e meu amor. Qualquer lugar em que eu esteja, é o lugar que chamo de lar. Existe melhor maneira de expressar nossa liberdade do que abandonar as feridas que nos mantiveram oprimidos? Existe melhor maneira de usar as minhas palavras do que para dizer "eu te perdoo"? Existe melhor maneira de dizer que estou livre do que dizer que amo outro sem medo?

Vamos desfrutar deste momento na vida. O passado se foi, o futuro está por vir, e a melhor maneira de dizer "olá" é aprendendo a dizer "adeus". Eu sou o amor e a paz começa comigo. Não vejo etnia, credo, religião, gênero ou qualquer outra coisa como uma divisão da espécie humana. Não vejo uma crença que me arranque do meu irmão e da minha irmã. Não vejo um ego, uma vaidade que me proíba de me comunicar com tudo o que existe no mundo.

O sentido da vida é amar, e fazer isso é uma escolha. Nessa escolha eu ajo, e nessa ação, eu sou o amor. Tenho uma voz. Posso usá-la para oprimir, ou posso usá-la para libertar. Posso criar, posso liderar e posso amar. O mesmo vale para você. Juntos, podemos dizer "eu amo".

Tudo o que temos e somos é o amor.

Agradecimentos

Com todo o meu amor, honro aos meus professores: minha avó, Madre Sarita, e a meu pai, Don Miguel Ruiz.

Sou grato à minha família por me ensinar a amar incondicionalmente: minha adorável Susan, meu filho Alejandro, minha filha Audrey, minha Mama Coco, e meus irmãos Don José Luis e Leonardo Carlos. Minha avó Leonarda, meu avô Don Luis, minha tia Martha, minha Mama Gaya, meu irmão Ramakrishna (Trey) e minhas irmãs Kimberly-Jeanne, Jennifer e Jules Jenkins.

Quero expressar minha imensa gratidão ao editor Randy Davila por acreditar neste projeto; à editora Carol Killman Rosenberg, por me ajudar a encontrar o meu centro; à Kristie Macris, por me ajudar a encontrar a minha voz para dar início a esta longa jornada; à Marilee Scott, por me ajudar a me situar; e à Janet Mills, por sua orientação e constante incentivo para a essência da palavra.

Quero prestar homenagem a todos os meus professores da escola que me ensinaram como usar o conhecimento, especialmente Jean-Pierre Gorin, por me ensinar como contar uma história; à Catalina Heredia, por acreditar em mim e me ensinar como aprender de forma analítica; e à minha professora de Teoria do Conhecimento, Maria Esther Rodriguez Ruvalcaba, por me lembrar que eu realmente não sei nada.

Todo o meu amor e respeito aos estudantes do meu pai que também foram meus professores espirituais: Gary van Warmerdam, Barbara Emrys, Allan Hardman, Ted e Peggy Raess, Gini Gentry, Rita Rivera e HeatherAsh Amara. Todos vocês me ensinaram muito a amar. E à comunidade que surgiu a partir destes ensinamentos, minha gratidão e meu amor eternos.

Sobre o autor

Aos 14 anos, Don Miguel Ruiz Jr. era aprendiz do pai Don Miguel e da avó Madre Sarita. A partir dessa idade, foi chamado para traduzir as orações, palestras e workshops de Madre Sarita, do espanhol para o inglês. Desta forma, por meio de constante repetição e revisão, aprendeu o conteúdo dos ensinamentos em ambas as línguas. Com esse trabalho de tradução simultânea para Madre Sarita, Don Miguel Jr. passou a compreender o poder da fé. Viu em primeira mão como sua avó manifestava sua intenção para curar as pessoas, tanto física quanto espiritualmente.

O aprendizado de Don Miguel Jr. durou dez anos. Quando chegou aos vinte e poucos anos, seu pai intensificou seu treinamento. No ápice dessa jornada de poder, Don Miguel disse para seu filho mais velho: "Encontre o seu caminho. Vá para casa e domine a morte tornando-se vivo."

Durante os últimos seis anos, Don Miguel Jr. aplicou as lições aprendidas com seu pai e sua avó para definir e desfrutar de sua própria liberdade pessoal enquanto alcançava a paz com toda a criação. Ser capaz de aplicar seus ensinamentos ao mundo ao seu redor deu a Miguel Jr. uma nova compreensão das lições que seu pai e sua avó passaram a ele, que mais uma vez lhe deu o desejo de transmitir sua tradição. Após décadas de treinamento, Miguel Jr. estava finalmente pronto para compartilhar tudo que tinha aprendido. Como um *nagual* na tradição tolteca, ele agora ajuda os outros a descobrirem a saúde física e espiritual ideal, para que possam alcançar a própria liberdade pessoal.

Don Miguel Jr. é casado e tem dois filhos. E assim, como um *nagual*, ele começa mais uma vez a passar adiante a sabedoria e as ferramentas das tradições de sua família para ajudar os outros a alcançarem a própria liberdade pessoal e a saúde física e espiritual ideal.

www.miguelruizjr.com

Este livro foi composto na tipografia Adobe Garamond Pro, em corpo 12,5/16,7, e impresso em papel off-white no Sistema Cameron da Divisão Gráfica da Distribuidora Record.